DOCTEUR D. BRUNET

RAPPORTS

PRÉSENTÉS

AU CONSEIL GÉNÉRAL DE L'EURE

1885

1889-1890-1891-1892

1893-1894-1895-1896

RAPPORT

PRÉSENTÉ

AU CONSEIL GÉNÉRAL DE L'EURE

(SESSION D'AOUT 1885)

SUR

L'ASILE PUBLIC D'ALIÉNÉS D'ÉVREUX

PAR

Le Docteur DANIEL BRUNET

DIRECTEUR MÉDECIN EN CHEF DE CET ASILE

ÉVREUX

DE L'IMPRIMERIE DE ERNEST QUETTIER

Rue Chartraine, n° 37

1885

RAPPORT

DU DIRECTEUR MÉDECIN EN CHEF

Sur l'Asile public d'aliénés de l'Eure

POUR 1885

MONSIEUR LE PRÉFET,

J'ai l'honneur de vous adresser mon rapport annuel sur l'asile d'Evreux, en vous priant de le soumettre au Conseil général à sa session d'août.

Ce rapport comprend :

1° Le compte médical de 1884 ;

2° Le compte administratif et moral de la même année ;

3° Le budget supplémentaire de 1885 ;

4° Le budget primitif de 1886.

Ce rapport, en raison de son étendue, ne pouvant, Monsieur le préfet, être publié dans celui que vous adressez au Conseil général, la commission de surveillance, dans une délibération en date du 16 février dernier, que vous avez bien voulu approuver, a exprimé l'avis de le faire imprimer chaque année, aux frais de l'asile, par suite de l'importance des documents qu'il contient, et de la difficulté matérielle au secrétaire de la direction d'en faire la copie en triple expédition qui est nécessaire.

L'impression de ce rapport vous permettra aussi plus facilement, Monsieur le préfet, ainsi qu'à la commission de surveillance et au Conseil général, dont chaque membre en recevra un exemplaire, de suivre la marche des différents services de l'asile, de constater les résultats obtenus chaque année, en les comparant à ceux des années précédentes, de connaître les améliorations effectuées, et d'étudier celles qui restent à réaliser.

Ces comptes et ces budgets ont été approuvés par la commission de surveillance, dont les délibérations sont jointes aux pièces justificatives.

Compte médical.

Le nombre des admissions a été de 137, celui des sorties de 84, et celui des décès de 73.

Le chiffre des aliénés a donc diminué de 20; de 857, il est tombé à 837.

Le nombre des indigents de l'Eure a augmenté de 8, tandis que celui des indigents des départements étrangers, du ministère de l'Intérieur et de la Guerre a diminué de 16, et celui des pensionnaires de 12.

Le total des malades traités, comprenant les existants au 1er janvier 1884 et les admissions dans le courant de l'année, a été de 994; il avait été en 1881 de 1,008, en 1882 de 992 et en 1883 de 1,003.

La moyenne quotidienne de la population a été de 852; elle est plus faible d'une unité que celle de 1881, la plus considérable qui ait existé à l'asile depuis la création de l'établissement, mais un peu plus élevée que celle de 1882 qui a été de 838 et que celle de 1883 qui a été de 840.

En résumé le nombre des malades traités et la population quotidienne ont peu varié pendant les quatre dernières années.

Le 1er janvier 1884, l'asile comprenait : 526 indigents de l'Eure, 195 indigents de la Seine, 37 de Seine-et-Oise, 7 d'autres départements, 2 du ministère de l'Intérieur, et 90 pensionnaires.

Le tableau suivant indique la forme d'aliénation mentale dont étaient atteints ces aliénés.

	Hommes	Femmes	Total
Folie simple.....................	144	145	289
Paralysie générale	22	10	32
Démence consécutive à la folie....	115	147	262
Démence sénile	4	4	8
Démence organique.............	5	2	7
Idiotie et imbécillité simples	97	82	179
Epilepsie compliquée de folie ou de démence....................	14	26	40
Epilepsie compliquée d'idiotie ou d'imbécillité.................	14	26	40
	415	442	857

Le fait saillant de ce tableau consiste dans le grand nombre d'individus atteints d'idiotie et d'imbécillité, dont le chiffre s'élève à 219 ; chez 179, ces deux formes d'aliénation mentale étaient simples et chez 40 elles étaient compliquées d'épilepsie.

Les 289 aliénés atteints de folie simple présentaient seuls quelques chances de guérison ; encore ces chances étaient-elles bien faibles pour la plupart d'entre eux, en raison de l'ancienneté de la maladie qui, comme on le sait, guérit d'autant plus facilement qu'elle est plus récente et qui devient ordinairement incurable au bout de deux ou trois ans.

Sur ces 289 aliénés, il n'y en avait pas réellement plus d'une vingtaine de curables.

Je passerai successivement en revue les admissions, les sorties et les décès qui ont eu lieu en 1884.

Admissions.

	Hommes	Femmes	Total
Admis pour la 1re fois dans un asile	54	51	105
Rechutés.......................	6	8	14
Réintégrés par suite de sortie avant guérison	4	3	7
Transférés des autres établissements d'aliénés	9	2	11
	73	64	137

Nous étudierons, d'une manière spéciale, les 105 aliénés admis pour la 1re fois dans un asile d'aliénés, tandis que nous ne dirons que quelques mots de ceux qui avaient été traités précédemment dans un établissement de ce genre, et qui par suite ont été antérieurement l'objet d'une étude semblable.

14 malades ont été admis pour cause de rechute ; celle-ci avait lieu pour la première fois chez 7 d'entre eux, pour la deuxième chez 3, pour la troisième chez 1, et pour la quatrième chez 3.

12 de ces malades avaient été traités à l'asile d'Evreux et 2 dans des établissements étrangers au département ; ils étaient tous atteints de folie simple.

Les 7 malades réintégrés pour cause de sortie avant guérison avaient quitté l'asile, excepté 1, sur la demande des familles.

Nous avons reçu par suite de transfèrements 9 hommes et 2 femmes.

Les 2 femmes sont venues des asiles de Vaucluse et de Ville-Evrard; elles avaient leur domicile de secours dans l'Eure, ainsi qu'un homme transféré de Quatre-Mares.

8 hommes traités dans le quartier spécial des aliénés de Gaillon, et dont le domicile de secours n'était pas encore connu, ont été placés provisoirement dans notre asile, en attendant que la reconnaissance de ce domicile de secours puisse permettre leur transfèrement dans l'asile de leur département.

L'administration de la Guerre nous a envoyé de l'asile de Marseille, pour être traité aux frais de son administration, un soldat né à Mantes.

Les aliénés transférés présentaient 7 cas de folie simple, 2 cas de paralysie générale, 1 cas de démence simple, et 1 cas de démence épileptique.

Depuis le 1er août 1866, époque à laquelle l'asile a été ouvert, jusqu'au 31 décembre 1884, nous avons reçu 3,649 aliénés, 2,002 hommes et 1,647 femmes, comprenant : 771 pensionnaires, 1,056 indigents de l'Eure, et 922 indigents d'autres départements, dont la plupart appartenaient à ceux de la Seine et de Seine-et-Oise avec lesquels des traités avaient été conclus pour recevoir un certain nombre de leurs malades.

Le chiffre beaucoup plus élevé des admissions d'hommes tient surtout à ce que nous avons reçu 604 hommes des départements étrangers et seulement 318 femmes de ces départements.

En effet les admissions des pensionnaires et des indigents de l'Eure réunis comprennent 1,398 hommes et 1,329 femmes, ce qui n'établit qu'une faible différence entre les aliénés du sexe masculin et ceux du sexe féminin.

Le tableau suivant donne le détail des admissions, depuis l'ouverture de l'établissement, par année, par sexe et par catégorie de malades.

Admissions de 1866 à 1884.

| | PENSIONNAIRES | | | INDIGENTS | | | | | | TOTAL des pensionnaires et des indigents | | TOTAL |
| | | | | EURE | | | Autres départements et État | | | | | |
	H.	F.	Total	H.	F.	Total	H.	F.	Total	H.	F.	général.
1866............	3	»	3	188	»	188	2	»	2	193	»	193
1867............	20	»	20	51	»	51	6	»	6	77	»	77
1868............	18	21	39	42	254	296	15	2	17	75	277	352
1869............	17	20	37	22	45	67	10	3	13	49	68	117
1870............	23	21	44	46	43	89	215	95	310	284	159	443
1871............	19	11	30	36	39	75	46	58	104	101	108	209
1872............	19	25	44	44	42	86	24	33	57	87	100	187
1873............	29	23	52	49	49	93	17	37	54	95	109	204
1874............	18	25	43	66	39	105	5	2	7	89	66	155
1875............	16	20	36	52	55	107	46	27	73	114	102	216
1876............	28	23	51	67	33	100	27	19	46	122	75	197
1877............	18	22	40	52	48	100	9	11	20	79	81	160
1878............	28	22	50	56	50	106	13	8	21	97	80	177
1879............	23	25	48	47	38	85	47	10	57	117	73	190
1880............	23	33	56	49	43	92	15	1	16	87	77	164
1881............	25	23	48	43	44	87	19	2	21	87	69	156
1882............	24	19	43	31	36	67	29	4	33	84	59	143
1883............	23	28	51	32	49	81	37	3	40	92	80	172
1884............	16	20	36	35	41	76	22	3	25	73	64	137
Totaux	390	381	771	1008	948	1956	604	318	922	2002	1647	3649
Moyenne annuelle des admissions de 1866 à 1884	20	22	42	53	56	109	32	18	50	105	96	201

Pendant les trois premières années 1866, 1867 et 1868, les admissions des indigents de l'Eure sont confondues avec le transfèrement à cet asile des malades du département traités dans d'autres asiles avant la construction de celui d'Evreux; c'est pour ce motif que cet établissement a reçu 188 hommes en 1866 et 254 femmes en 1868.

En retranchant du tableau ci-dessus les admissions et les transfèrements de ces trois années, le chiffre total des admissions, de 1866 à 1884, est de 3,027, dont

1,657 hommes et 1,370 femmes, et la moyenne annuelle des admissions est, pour les indigents de l'Eure de 88, et pour les pensionnaires de 45.

Le nombre des admissions des indigents de l'Eure n'a été en 1884 que de 76 et celui des pensionnaires 36; c'est, après 1882, l'année, depuis 1869, où le chiffre de ces admissions a été le moins élevé.

Le nombre des indigents de l'Eure augmente presque chaque année, bien que celui des admissions tende plutôt à diminuer, ce qui tient à l'entrée d'un grand nombre d'individus atteints d'idiotie et d'imbécillité, complètement incurables et chez lesquels la mortalité est peu élevée.

Indigents de l'Eure et pensionnaires existant le 31 décembre, de 1866 à 1884.

ANNÉES	INDIGENTS DE L'EURE			PENSIONNAIRES		
	H.	F.	Total.	H.	F.	Total
1866	158	»	158	2	»	2
1867	169	»	169	11	»	11
1868	170	234	404	11	9	20
1869	172	243	415	14	12	26
1870	168	227	395	19	18	37
1871	184	221	405	17	15	32
1872	181	228	409	23	22	45
1873	204	242	446	27	29	56
1874	226	247	473	25	28	53
1875	223	257	480	24	32	56
1876	234	250	484	23	36	64
1877	236	250	486	29	38	67
1878	234	258	492	32	38	70
1879	239	251	490	33	41	74
1880	255	265	520	32	43	75
1881	258	265	523	35	50	85
1882	243	265	508	40	49	89
1883	247	279	526	34	56	90
1884	246	288	534	29	49	78

Le nombre des indigents de l'Eure n'a diminué que pendant quatre années; en 1870 et 1871, par suite de la mortalité considérable qui a sévi à l'asile; en 1879 et 1882, par suite du chiffre des admissions moins élevé que celui des autres années.

Le nombre des pensionnaires a toujours été en augmentant, excepté en 1874 où il a diminué d'une unité, et en 1884 où il a diminué de 12.

L'accroissement progressif du chiffre des malades de cette catégorie a recommencé pendant les cinq premiers mois de 1885.

L'asile d'Evreux ne reçoit plus de nouveaux malades de Seine-et-Oise et a même dû prier ce département d'en retirer des anciens, parce qu'il n'y avait plus de places dans les divisions spéciales où ils étaient placés.

C'est aussi faute de places dans ces divisions que nous n'avons pu demander d'aliénés de la Seine et qu'il n'y a pas eu de transfèrement de ces malades.

Admissions pour la première fois.

Parmi les 105 aliénés entrés pour la première fois à l'asile d'Evreux, en 1884, et n'ayant pas été traités précédemment dans un autre asile, 64 étaient indigents de l'Eure, 1 de la Seine, 2 de Seine-et-Oise, 0 d'autres départements, et 20 étaient pensionnaires, dont 2 de 2e classe, 8 de 3e classe, 10 de 4e. Sur les 20 pensionnaires, 22 étaient domiciliés dans l'Eure, 0 dans Seine-et-Oise et 1 dans l'Orne.

64 de ces aliénés étaient atteints de folie simple, 13 de paralysie générale, 8 de démence simple, 0 de démence épileptique, 8 d'idiotie ou d'imbécillité simple et 3 d'idiotie ou d'imbécillité épileptique.

Les tableaux statistiques suivants renferment les renseignements que comportent l'âge, l'état-civil, l'instruction, les professions, l'époque de l'entrée à l'asile, la date du début de la maladie, le domicile de secours, par arrondissements.

L'idiotie et l'imbécillité n'étant que deux degrés de la même maladie, du même vice d'organisation cérébrale, j'ai réuni sous le nom d'idiotie ces deux formes d'aliénation.

La folie simple présente de nombreuses subdivisions dont je n'ai pas cru devoir tenir compte, d'une part parce que ces subdivisions varient suivant les auteurs, n'ont pas toujours de caractères spécifiques bien tranchés, et de l'autre, parce que c'eût été trop élargir les cadres de nos tableaux.

Age au moment de l'admission.

	Folie simple		Paralysie générale		Démence simple		Démence épileptique		Idiotie simple		Idiotie épileptique		TOTAL		
	H.	F.	H.	F.	H.	F.	H.	F.	H.	F.	H.	F.	H.	F.	2 sexes
0 ans............	»	»	»	»	»	»	»	»	1	»	»	1	1	»	1
De 14 à 15 ans...	»	1	»	»	»	»	»	»	3	»	»	1	3	2	5
De 19 à 20 ans...	»	1	»	»	»	»	»	»	»	»	»	»	»	1	1
De 21 à 25 ans...	3	4	»	»	»	»	»	»	1	»	»	»	4	4	8
De 29 à 30 ans...	3	2	2	»	»	»	2	1	1	1	»	1	8	5	13
De 30 à 35 ans...	6	6	1	»	»	»	1	1	»	»	»	»	8	7	15
De 35 à 40 ans...	5	5	3	»	»	»	1	»	1	»	»	1	10	6	16
De 40 à 50 ans...	5	7	1	1	»	1	»	»	»	»	»	»	6	9	15
De 50 à 60 ans...	4	7	4	»	»	2	»	1	»	»	»	»	8	10	18
De 60 à 70 ans...	2	3	1	»	1	3	1	»	»	»	»	»	5	6	11
De 70 à 78 ans...	»	»	»	»	1	1	1	»	»	»	»	»	1	1	2
Totaux....	28	36	12	1	1	7	6	3	7	1	»	3	54	51	105

La folie est rare avant l'âge de 22 ans.

Nous avons reçu une jeune fille âgée de 14 ans 8 mois, dont la menstruation s'était établie depuis 8 mois, et qui a été prise d'un accès de manie très-intense, provoqué par un excès de travail comme employée surnuméraire du télégraphe.

Elle a guéri complètement, après un traitement de 5 mois.

Une jeune femme, âgée de 19 ans, mariée, mère d'un enfant, a présenté un violent accès de manie produit par des contrariétés de ménage. Elle a été transférée dans l'asile de son département au bout de 3 mois de séjour à l'asile, avec une certaine amélioration dans son état mental.

Le nommé L...., âgé de 21 ans, atteint de lypémanie suicide, consécutive à une fièvre typhoïde, a guéri au bout de 6 mois.

La nommée B..., âgée de 22 ans, atteinte de manie aiguë avec idées de suicide, et qui avait déjà présenté un accès de folie semblable, à l'âge de 19 ans, a guéri en 5 mois.

Ces quatre faits, joints à d'autres cas semblables, observés les années précédentes, tendraient à faire admettre que la folie survenant à un âge peu avancé est assez facilement curable, quand elle n'est pas due à des antécédents héréditaires.

État-civil au moment de l'admission.

	Folie simple		Paralysie générale		Démence simple		Démence épileptique		Idiotie simple		Idiotie épileptique		TOTAL		
	H.	F.	H.	F.	H.	F.	H.	F.	H.	F.	H.	F.	H.	F.	2 sexes
Célibataires......	9	10	1	»	»	»	2	1	7	1	»	3	19	15	34
Mariés..........	15	22	9	1	1	3	4	1	»	»	»	»	29	27	56
Veufs..........	4	4	2	»	»	4	»	1	»	»	»	»	6	9	15
Totaux....	28	36	12	1	1	7	6	3	7	1	»	3	54	51	105

Il est admis généralement que le célibat et le veuvage prédisposent plus à la folie que le mariage.

Nous avons reçu 34 aliénés célibataires, dont il faut défalquer 11 individus atteints d'idiotie, qui est une maladie congénitale ; il reste donc seulement 23 malades sur lesquels le célibat pourrait avoir agi comme cause prédisposante à l'aliénation mentale ; en y ajoutant les 15 veufs, on a un chiffre de 38, inférieur à celui des individus mariés, qui est de 56.

Dans les statistiques des années précédentes, nous avons constaté, au contraire, que le chiffre des aliénés mariés était moins élevé, bien que, d'après le recensement de la population, leur nombre soit beaucoup plus considérable que celui des veufs réunis à celui des célibataires, âgés de plus de 18 ans, qui, avant cet âge, sont rarement atteints de folie ou de démence. L'on comprend, du reste, que le mariage, par la régularité de la vie qu'il entraîne, prédispose moins aux excès de toute nature, auxquels se rattache si souvent la production de l'aliénation.

Instruction.

	Folie simple		Paralysie générale		Démence simple		Démence épileptique		Idiotie simple		Idiotie épileptique		TOTAL		
	H.	F.	H.	F.	H.	F.	H.	F.	H.	F.	H.	F.	H.	F.	2 sexes
Sachant lire......	1	5	2	»	»	»	»	»	1	»	»	»	4	5	9
Inst^{on} primaire...	20	22	9	»	1	2	5	2	»	»	»	»	35	26	61
— plus élevée.	»	1	»	1	»	»	»	»	»	»	»	»	»	2	2
— nulle......	7	7	1	»	»	4	1	1	6	1	»	3	15	16	31
— inconnue ..	»	1	»	»	»	1	»	»	»	»	»	»	»	2	2
Totaux......	28	36	12	1	1	7	6	3	7	1	»	3	54	51	105

9 aliénés savaient lire; 61 avaient reçu une instruction primaire; 2 une instruction plus élevée; 31 étaient complètement illettrés, et le degré d'instruction de 2 n'a pu être établi.

Il n'existe aucun rapport de cause à effet entre l'instruction et le développement de la folie, qui est due ordinairement à l'excitation des instincts égoïstes.

Une éducation morale, convenablement dirigée, pourrait, au contraire, en diminuer la fréquence.

Professions.

	Folie simple		Paralysie générale		Démence simple		Démence épileptique		Idiotie simple		Idiotie épileptique		TOTAL		
	H.	F.	H.	F.	H.	F.	H.	F.	H.	F.	H.	F.	H.	F.	2 sexes
Sans profession ..	»	»	»	»	»	»	»	»	6	1	»	2	6	3	9
Professions libérales	1	2	»	»	»	»	»	»	»	»	»	»	1	2	3
commerciales ou indust^{les}.	5	5	4	»	»	»	2	1	»	»	»	»	11	6	17
manuelles ou mécaniques.	8	1	4	»	1	»	1	1	»	»	»	»	14	2	16
agricoles	7	12	3	1	»	2	»	»	»	»	»	»	10	15	25
Gens à gages	7	16	1	»	»	»	5	3	1	1	»	1	12	23	35
Totaux......	28	36	12	1	1	7	6	3	7	1	»	3	54	51	105

35 étaient domestiques ou gens à gages; 25 étaient occupés à des professions agricoles; 16 vivaient de métiers manuels ou mécaniques; 17 étaient dans le commerce ou l'industrie; 3 exerçaient une profession libérale et 9 individus atteints d'idiotie ou d'imbécillité n'avaient pu apprendre aucun métier.

Admissions par mois.

	Folie simple		Paralysie générale		Démence simple		Démence épileptique		Idiotie simple		Idiotie épileptique		TOTAL		
	H.	F.	H.	F.	H.	F.	H.	F.	H.	F.	H.	F.	H.	F.	2 sexes
Janvier	3	3	2	»	»	1	»	»	1	»	»	»	6	4	10
Février	3	6	»	»	»	1	1	1	»	»	»	1	4	9	13
Mars	3	3	1	1	»	»	»	1	2	»	»	»	6	5	11
Avril	1	3	2	»	»	»	3	»	1	»	»	»	7	3	10
Mai	3	5	1	»	»	1	»	»	1	»	»	»	5	6	11
Juin	2	1	2	»	»	»	»	»	»	»	»	»	4	1	5
Juillet	6	3	»	»	»	1	1	»	2	1	»	»	9	5	14
Août	2	1	1	»	»	»	»	»	»	»	»	1	3	2	5
Septembre	2	3	»	»	»	1	»	1	»	»	»	1	2	6	8
Octobre	2	3	1	»	1	»	»	1	»	»	»	»	5	3	8
Novembre	»	1	»	»	»	1	»	»	»	»	»	»	»	2	2
Décembre	1	4	2	»	»	1	»	»	»	»	»	»	3	5	8
Totaux	28	36	12	1	1	7	6	3	7	1	»	3	54	51	105

Pendant les 7 premiers mois de l'année, nous avons reçu beaucoup plus d'aliénés que pendant les 5 derniers ; c'est là un fait purement accidentel.

Les années précédentes, les admissions devenaient nombreuses, surtout à l'époque des chaleurs.

Manifestation antérieure.

	Folie simple		Paralysie générale		Démence simple		Démence épileptique		Idiotie simple		Idiotie épileptique		TOTAL		
	H.	F.	H.	F.	H.	F.	H.	F.	H.	F.	H.	F.	H.	F.	2 sexes
1 mois et au-dessou¹	19	19	»	»	»	»	»	»	»	»	»	»	19	19	38
1 mois à 6 mois	4	6	8	»	1	1	»	»	»	»	»	»	13	7	20
6 mois à 1 an	1	4	1	»	»	1	»	»	»	»	»	»	2	5	7
1 an à 2 ans	»	2	2	»	»	»	1	»	»	»	»	»	3	2	5
2 ans et au-dessus	1	2	1	1	»	4	2	1	7	1	»	3	11	12	23
Époque inconnue	3	3	»	»	»	1	3	2	»	»	»	»	6	6	12
Totaux	28	36	12	1	1	7	6	3	7	1	»	3	54	51	105

Chez 70 aliénés, le début de l'affection mentale ne remontait pas à 2 ans ; 55 de ces malades étaient atteints de folie simple et présentaient des chances sérieuses de guérison, qui sont d'autant plus nombreuses que le traitement est plus rapproché de l'invasion de cette affection.

23 étaient atteints d'aliénation depuis plus de 2 ans, et chez 12, nous n'avons pu connaître la date de la première manifestation des troubles intellectuels.

Répartition par arrondissement des aliénés ayant leur domicile de secours dans l'Eure.

DÉSIGNATION des arrondissements	NOMBRE d'habitants	ALIÉNÉS		
		Hommes	Femmes	2 sexes
Évreux.....................	111.929	19	19	38
Louviers	62.432	8	7	15
Bernay.....................	63.909	3	12	15
Pont-Audemer	67.389	6	6	12
Les Andelys...............	58.632	5	1	6
Totaux........	364.291	41	45	86

Sur les 105 aliénés admis pour la première fois, 86 seulement appartenaient à l'Eure.

L'arrondissement d'Évreux est toujours celui qui envoie à l'asile le plus d'aliénés d'une manière absolue et relativement à sa population, et l'arrondissement des Andelys celui qui en a le moins.

La proportion des admissions pour 10,000 habitants, est dans l'arrondissement d'Évreux de 3,30, dans celui de Louviers de 2,40, dans celui de Bernay de 2,35, dans celui de Pont-Audemer de 1,70 et dans celui des Andelys de 1,02 ; pour tout le département elle est de 2,36.

Etiologie de l'aliénation mentale. — Les causes principales de la folie et de la démence, sont : l'hérédité, les
excès alcooliques et diverses causes morales telles que :
revers de fortune, chagrins, contrariétés, amour contrarié.

Cette dernière cause morale est assez fréquente chez
la femme, mais très-rare chez l'homme, pour lequel le
mariage est l'objet d'une moins vive préoccupation.

L'idiotie n'est pas une maladie spéciale; elle est produite
tantôt par diverses affections de l'encéphale, telles que la
péricérébrite diffuse ou particlle, la sclérose, des foyers
d'hémorrhagie, de ramollissement du cerveau, etc., tantôt
par un défaut de développement de la substance corticale
de cet organe, dont les circonvolutions sont moins
sinueuses, les plis de passage moins nombreux, la
substance interstitielle plus abondante.

La microcéphalie, sans lésion du cerveau, est rarement
assez prononcée pour produire l'idiotie; c'est dans la
texture des circonvolutions cérébrales qu'il faut chercher
sa cause.

Nous avons constaté que les idiots naissent souvent de
parents aliénés ou alcooliques, et la fréquence de l'idiotie
dans l'Eure me paraît tenir en grande partie aux nombreux
excès de boisson qui se commettent dans ce département.

Sorties. — 34 malades, 18 hommes et 16 femmes, sont
sortis pour cause de guérison, qui a été obtenue chez tous
la première année de leur séjour à l'asile, excepté chez
1 homme dont le traitement s'est prolongé deux ans et
deux mois; 18 étaient indigents de l'Eure, 1 de la Seine,
1 de Seine-et-Oise, 3 d'autres départements, et 11 pensionnaires.

Deux de ces malades atteints de manie épileptique ont
guéri de leur accès de folie, mais l'épilepsie persistant,
il est à craindre qu'elle ne détermine de nouveaux accès
de folie à la suite d'attaques convulsives.

14 malades, 6 hommes et 8 femmes, sont sortis améliorés.

2 hommes se sont évadés.

9 hommes et 13 femmes ont été transférés dans les asiles des départements où ils avaient leur domicile de secours.

2 hommes et 8 femmes sont sortis sur la demande de leurs parents sans présenter d'amélioration notable dans leur état mental.

2 hommes atteints du délire des persécutions ont été rendus à la liberté d'après une ordonnance du tribunal.

Le tableau suivant indique le rapport des guérisons à la population moyenne et au nombre des admissions.

Guérisons.

	1882			1883			1884		
	H.	F.	2 sexes	H.	F.	2 sexes	H.	F.	2 sexes
Population moyenne	412	426	838	416	433	849	412	440	852
Nombre de guérisons	27	16	43	19	21	40	18	16	34
Proportion % des guérisons à cette population	6,55	3,76	5,13	4,56	4,84	4,70	4,36	3,63	3,99
Nombre des admissions non compris les transfèrements	62	55	117	60	79	139	64	62	126
Proportion % des guérisons au nombre de ces admission	43,55	29,09	36,75	31,66	26,53	28,77	28,12	25,80	27,77

Moyens thérapeutiques. — Les médicaments le plus souvent employés, sont : l'opium, le chloral et la belladone, dans la folie simple; le bromure de potassium et la belladone, dans l'épilepsie; le tartre stibié à haute dose et le bromure de potassium, dans la manie ambitieuse qui constitue la première période de la péricérébrite ou paralysie générale.

Les bains prolongés et souvent répétés, de 2 à 3 heures, constituent un des meilleurs sédatifs du système nerveux dans la manie, tandis que les douches en jet sur tout le corps combattent efficacement la dépression cérébrale qu'on observe chez les lypémaniaques.

Si l'emploi des médicaments et de l'hydrothérapie est souvent difficile à manier chez les individus atteints de folie qui ne peuvent ou ne veulent nous donner de renseignements précis sur leur état, il n'en est pas de même du travail, qui seconde toujours d'une manière très-active, sans faire courir aucun danger aux malades, les moyens thérapeutiques auxquels on a recours.

Une aliénée de la Seine, ancienne institutrice, s'occupe avec beaucoup de zèle, depuis plusieurs années, à faire la classe à quelques jeunes filles atteintes d'imbécillité, et une école semblable a été établie dans le quartier des garçons atteints de cette infirmité, sous la direction d'un malade très-intelligent, dont la folie est actuellement dans une période de rémission.

Les résultats obtenus, comme il était du reste facile de le prévoir, d'après ce que nous avons dit de la nature de l'imbécillité, sont peu satisfaisants au point de vue des progrès intellectuels, et nous croyons que tous nos efforts doivent surtout tendre à faire apprendre à ces aliénés un métier manuel ne demandant pas une grande contention d'esprit.

Le nommé B..., que l'on nourrit au moyen de la sonde œsophagienne depuis 8 ans, persiste toujours à ne vouloir prendre aucun aliment; il boit seulement un peu d'eau. Deux fois par jour, on lui introduit dans l'estomac au moyen de la sonde, un litre de lait et deux œufs.

La première période de la paralysie générale, à forme expansive, caractérisée par des idées de grandeur et de richesse incohérentes, contradictoires, extravagantes au dernier point, très-changeantes, avec un léger embarras de la parole, de l'inégalité des pupilles et quelques mouvements convulsifs des lèvres, suit ordinairement une marche progressive pour aboutir à la mort. Elle peut, dans quelques cas exceptionnels il est vrai, même lorsqu'elle n'est pas due à une intoxication alcoolique, se terminer, comme la folie simple, par la guérison, la démence simple ou un état stationnaire, et ce sont ces cas qui doivent nous engager à employer contre elle un traitement très-énergique et, en particulier, le tartre stibié à haute dose.

En effet les lésions de la péricérébrite chronique, qui produit la paralysie générale, sont très-peu marquées, au début de cette affection, et elles peuvent se résoudre plus ou moins complètement. Les adhérences de la substance corticale aux membranes viscérales sont nulles ou n'existent que le long des vaisseaux et l'on ne constate guère alors au microscope qu'une distension considérable des capillaires de ces membranes et de cette substance avec extravasation de quelques globules sanguins.

Il existe à l'asile d'Evreux plusieurs cas de péricérébrite chronique qui restent stationnaires depuis très-longtemps et dont je vais résumer ici l'observation.

Le nommé D..., né le 13 décembre 1818, cordonnier, est entré à l'asile de Sainte-Anne le 27 mai 1873, puis a été transféré à celui d'Evreux le 19 mai 1876. Il a commis des excès alcooliques.

Il est atteint de paralysie générale caractérisée par de l'inégalité pupillaire, de l'embarras de la parole très-marqué, des mouvements convulsifs des lèvres, de l'affaiblissement de l'intelligence et de l'exagération du sentiment de la personnalité. Légère surdité, faiblesse de la vue. Il travaille à la cordonnerie.

Depuis huit ans que ce malade est à l'asile, son état cérébral n'a presque pas changé, la paralysie générale a fait très-peu de progrès.

Le nommé B..., né en 1845, employé de commerce, entre à l'asile de Sainte-Anne le 27 juillet 1869 pour cause de paralysie générale, d'où il est transféré à celui d'Evreux le 29 août 1870. Il a commis des excès alcooliques.

30 août 1870. Il est atteint de paralysie générale caractérisée par de la démence, des idées de grandeur et un embarras marqué de la parole.

1871. Même état. Il travaille bien au jardinage.

1875. L'intelligence s'affaiblit davantage et des idées hypocondriaques s'ajoutent aux idées ambitieuses.

1883. Embarras de la parole considérable, convulsions des muscles de la face et des lèvres. Idées hypocondriaques. Il n'a plus, dit-il, aucune force, parce qu'on lui a brûlé, tailladé le pied gauche. Pas de délire ambitieux. Amnésie. Il travaille très-bien au jardin.

Juin 1885. Même état. Le nommé B.... est atteint de paralysie générale à la deuxième période qui, depuis 15 ans, n'a fait aucun progrès sensible. Il travaille toujours très-bien au jardin et l'embarras de la parole aurait plutôt diminué qu'augmenté. Il n'accuse plus d'idées hypocondriaques, ni ambitieuses.

Le nommé G..., né le 22 mai 1840, à Charleval (Eure), est envoyé à l'asile d'Evreux le 27 avril 1876. Il était atteint depuis trois ans de folie ambitieuse attribuée à la jalousie et à la perte d'un enfant survenue deux ans auparavant.

Depuis six mois, son état s'était beaucoup aggravé. Au moment de son entrée à l'établissement, on diagnostiqua une paralysie générale. Il était atteint d'agitation, de délire ambitieux incohérent avec idées de satisfaction et embarras de la parole.

1er janvier 1882. Idées incohérentes de grandeur. Excitation fréquente. Embarras de la parole, paralysie générale.

1er janvier 1883. Délire ambitieux, affaiblissement

considérable de l'intelligence. L'embarras de la parole a disparu complètement.

1er juin 1885. On ne constate plus chez ce malade que de la démence. Le délire ambitieux et l'embarras de la parole n'existent plus.

Le nommé F..., né en 1837, peintre en voitures, entré à l'asile de Sainte-Anne le 10 août 1869, est transféré à celui d'Evreux. Depuis qu'il est séquestré, son état a peu varié; il présente de l'agitation intermittente, des idées de grandeur incohérentes, de l'amnésie, un très-léger embarras de la parole, des mouvements convulsifs des lèvres très-marqués, de l'inégalité pupillaire. La pupille droite est beaucoup plus étroite que la gauche.

Il est maréchal de France, amiral, cardinal, empereur, membre de l'académie française, de l'académie de médecine.

Il a construit les Tuileries et l'Elysée, possède des châteaux, des millions, commande le soleil, la lune, les étoiles.

Au moment de son entrée à l'asile, il avait des idées de persécution qui ont disparu. Il ne veut pas travailler.

Décès. — 73 malades ont succombé en 1884, ce qui donne une mortalité de 8,57 % par rapport à la population moyenne, et de 7,34 % par rapport au nombre des aliénés traités.

La mortalité de l'asile d'Evreux a diminué, depuis cinq ans, de plus du tiers sur celle des années précédentes, comme le montre le tableau ci-dessous.

Elle est bien au-dessous de la moyenne de la mortalité des asiles publics de France.

La dyssenterie et les autres inflammations intestinales, qui étaient si fréquentes autrefois à l'asile d'Evreux, comme dans beaucoup d'autres établissements du même genre, sont aujourd'hui très-rares, grâce à l'amélioration du régime alimentaire, et surtout à une plus grande distribution de légumes frais.

En outre, des rations supplémentaires de vin et de viande sont accordées à tous les malades dont la constitution est débilitée.

Nombre de décès depuis la création de l'Asile (1er août 1866).

	1866		1867		1868		1869		1870		1871		1872		1873		1874		1875		1876		1877		1878		1879		1880		1881		1882		1883		1884	
	H.	F.	H.	F.	H.	F.	H.	F.	H.	F.	H.	F.	H.	F.	H.	F.	H.	F.	H.	F.	H.	F.	H.	F.	H.	F.	H.	F.	H.	F.	H.	F.	H.	F.	H.	F.	H.	F.
Décès par sexe	26	»	33	»	30	19	13	22	99	59	70	66	31	41	42	50	43	44	54	52	58	48	51	54	54	50	57	46	33	38	39	35	40	31	39	30	43	30
Décès des deux sexes	26		33		49		35		158		136		71		92		87		106		106		105		104		103		71		74		71		69		73	
Population moyenne	137		169		359		442		596		637		654		704		740		757		805		805		806		822		841		853		838		849		852	
Proportion % des décès	18.97		19.52		13.65		7.91		26.51		21.35		10.85		13.06		11.75		14 »		13.16		13.04		12.90		12.53		8.44		8.67		8.47		8.12		8.57	

12.39

Population traitée	192		238		531		549		897		883		870		892		892		960		984		970		980		1.000		990		1.008		992		1.003		994	
Proportion % des décès	13.54		13.86		9.23		6.37		17.61		15.40		8.16		10.31		9.75		11.04		10.77		10.82		10.61		10.30		7.17		7.34		7.16		6.87		7.34	

9.91

Causes des décès.

	DÉCÈS		
	H.	F.	Total.
Congestion cérébrale........................	2	2	4
Péricérébrite............................	14	4	18
Hémorrhagie cérébrale.....................	2	1	3
Ramollissement cérébral...................	1	3	4
Tumeur cérébrale.........................	1	»	1
Attaques nombreuses d'épilepsie...........	2	»	2
Affections organiques du cœur.............	5	7	12
Bronchite chronique......................	1	»	1
Congestion pulmonaire....................	»	2	2
Phthisie pulmonaire......................	6	3	9
Gangrène pulmonaire.....................	1	»	1
Cancer de l'estomac......................	2	2	4
Péritonite...............................	1	1	2
Entérite.................................	1	1	2
Dyssenterie..............................	»	1	1
Débilité sénile	2	3	5
Erysipèle de la face......................	1	»	1
Abcès gangréneux de la parotide	1	»	1
Totaux.........	43	30	73

30 aliénés sont morts la première année de leur traitement à l'asile, 7 la deuxième année, 15 après un séjour de 2 à 5 ans et 21 y sont restés de 5 à 18 ans.

Parmi les aliénés décédés, 15 avaient de 70 à 83 ans, 11 de 60 à 70 ans, 15 de 50 à 60 ans, 14 de 40 à 50 ans, 8 de 35 à 40 ans, 6 de 30 à 35 ans, 3 de 25 à 30 ans, et un enfant épileptique, qui a succombé à des attaques convulsives, n'était âgé que de 16 ans.

Les malades qui sont morts de paralysie générale ont tous présenté à l'autopsie les lésions de la péricérébrite chronique. Un d'entre eux avait plus de 63 ans, et comme la paralysie générale est très-rare au-dessus de 60 ans, je vais rapporter ici cette observation.

Le nommé D..., né en mars 1821, veuf, ancien comptable, entre à l'asile le 8 août 1882.

Il est atteint de paralysie générale depuis environ six mois. On attribue cette affection à un excès de travail.

Légère excitation, amnésie considérable, embarras de la parole peu marqué, idées de richesse et de contentement, pupilles contractées égales. L'amnésie est telle qu'il ne se rappelle pas ce qu'il a fait quelques instants auparavant. Il ignore le jour, le mois et l'année où nous sommes.

Il s'affaiblit progressivement et succombe le 20 novembre 1884.

Autopsie : Eschare au sacrum.

Os du crâne très-durs, très-épais, très-adhérents à la dure-mère. Péricérébrite chronique beaucoup plus marquée à droite qu'à gauche. Les membranes viscérales du cerveau sont épaissies et opalescentes à la partie moyenne de la face externe des hémisphères.

Ces membranes adhèrent à la substance corticale du cerveau sur le tiers postérieur des circonvolutions frontales, sur les circonvolutions ascendantes, les pariétales, la première temporale, la circonvolution de l'hippocampe, la circonvolution du corps calleux. Sur l'hémisphère droit, le quart antérieur de la face interne de la première circonvolution frontale est en partie résorbé.

La substance corticale est injectée et légèrement ramollie.

Cervelet sain. Les membranes se détachent facilement de la substance corticale.

Légères granulations très-fines et très-peu nombreuses de l'épendyme des ventricules.

Poids de l'encéphale :

Hémisphère cérébral droit....	490	
Hémisphère cérébral gauche..	500	
Cervelet..................	147	1,161
Protubérance.............	17	
Bulbe....................	7	

Les moyens disciplinaires et les distractions des aliénés sont les mêmes que ceux que j'ai indiqués dans mon rapport de 1881, et je crois inutile d'y revenir dans celui-ci.

La suppression, depuis quatre ans, des douches administrées dans une baignoire comme moyen de punition, n'a nui en rien au bon ordre de l'établissement. La camisole a été remplacée complètement dans la section des hommes par une ceinture avec manchons en cuir pour recevoir les avant-bras, ceinture qui ne comprime pas la poitrine, ne serre pas le cou et permet un certain usage des mains.

Dans la section des femmes, nous sommes forcés de recourir à une robe en coutil avec grandes manches, chez quelques agitées, qui ont une tendance continuelle à se déshabiller et à déchirer leurs vêtements, afin de pouvoir fixer leurs bras dans certains moments.

MOUVEMENT DE LA POPULATION en 1884.	INDIGENTS												PENSIONNAIRES												TOTAL des pensionnaires et des indigents.		TOTAL GÉNÉRAL.
	Eure.		Seine.		Seine-et-Oise.		Autres départements.		Ministères		Total des indigents.		Hors classe.		1re cl.		2e classe		3e classe		4e classe		TOTAL des pensionnaires.				
	H.	F.	H.	F.	H.	F.	H.	F.	Intér. H.	Guerre H.	H.	F.	H.	F.	H.	F.	H.	F.	H.	F.	H.	F.	H.	F.	H.	F.	
Existants au 31 décembre 1883	247	279	109	86	17	20	6	1	2	»	381	386	»	1	2	1	2	»	6	10	24	38	34	56	415	442	857
Entrés (Admis pour la première fois	31	32	»	1	2	»	»	8	1	»	42	34	»	»	»	2	5	3	7	12	12	17	54	51	105		
Rechutés	2	6	»	»	»	»	1	1	»	»	3	7	»	»	»	1	1	»	2	»	3	1	6	8		14	
Réintégrés par suite de sortie avant guérison	1	1	»	»	»	»	»	2	»	»	3	1	»	»	»	»	1	1	1	1	2	»	4	3	7		
Transférés d'un autre asile	1	2	2	»	»	»	»	5	»	1	9	2	»	»	»	»	»	»	»	»	»	»	9	2	11		
Total des aliénés entrés	35	41	2	1	2	»	16	2	1	1	57	44	»	»	»	3	6	4	10	13	16	20	73	64	137		
Total des aliénés traités	282	320	111	87	19	20	22	3	3	1	438	430	»	1	2	4	8	4	16	23	40	58	66	90	504	520	1024
Mutations de cl. (1 indigent du ministère de l'intérieur passé à l'Eure	1	»	»	»	»	»	»	»	»	»	1	»	»	»	»	»	»	»	»	»	»	»	»	»	1	»	1
6 pensionn. de 4 à l'Eure	1	3	»	»	»	»	»	»	»	»	1	3	»	»	»	»	2	»	»	»	2	»	3	3	6		
4e classe passés 2 aux pension. de 3e cl.	»	»	»	»	»	»	»	»	»	»	»	»	»	»	»	»	»	3	1	3	1	3	1	4		
4 pensionnaires de 3e classe passés à la 4e	»	»	»	»	»	»	»	»	»	»	»	»	»	»	»	»	1	»	1	»	1	1	4			
1 pensionnaire de 2e classe passé à la 3e	»	»	»	»	»	»	»	»	»	»	»	»	»	»	»	»	1	»	1	»	1	»	1			
1 pensionnaire de 1re classe passé à la 2e	»	»	»	»	»	»	»	»	»	»	»	»	»	»	»	1	»	1	»	1	»	1				
Mutations de classe	2	3	»	»	»	»	»	»	»	»	2	3	»	»	»	»	3	»	3	1	6	2	8	5	13		
Total des aliénés traités et des mutations de cl.	284	323	111	87	19	20	22	3	3	1	440	433	»	1	2	9	15	15	37	52	56	78	496	511	1007		
Sortis (Guéris	10	6	»	1	1	»	3	»	»	»	14	9	»	»	»	1	1	3	5	4	7	18	16	34			
Améliorés	2	2	»	»	»	3	»	»	»	»	2	9	»	»	1	»	2	2	4	4	6	6	8	14			
Évadés	1	»	»	»	»	»	1	»	»	»	2	»	»	»	»	»	»	»	»	»	»	»	2			
Transférés	1	»	»	»	»	»	10	3	»	»	9	13	»	»	»	»	»	»	»	»	»	»	9	13	22		
Réclamés par leurs familles, etc.	1	2	1	»	»	»	1	»	»	»	3	2	»	»	»	1	1	1	»	6	4	8	12			
Total des aliénés sortis	14	12	1	1	1	»	10	14	3	»	30	26	»	»	»	1	2	3	6	14	9	19	39	45	84		
Décédés	24	23	4	2	2	3	»	1	»	»	32	25	»	1	1	1	3	»	7	4	11	5	43	30	73		
Total des sortis et des décédés	38	35	5	3	3	10	15	3	1	»	62	51	»	1	1	2	5	3	13	18	20	24	82	75	157		
Mutations de cl. (1 indigent du ministère de l'intérieur passé à l'Eure	»	»	»	»	»	»	»	»	1	»	1	»	»	»	»	»	»	»	»	»	»	»	1	»	1		
6 pensionn. de 4 à l'Eure	»	»	»	»	»	»	»	»	»	»	»	»	»	»	»	»	»	3	3	3	3	3	»	3		
4e classe passés 2 aux pension. de 3e cl.	»	»	»	»	»	»	»	»	»	»	»	»	»	»	»	3	1	»	3	1	3	1	4			
4 pensionnaires de 3e classe passés à la 4e	»	»	»	»	»	»	»	»	»	»	»	»	»	»	1	»	»	»	1	»	1	»	1			
1 pensionnaire de 2e classe passé à la 3e	»	»	»	»	»	»	»	»	»	»	»	»	»	»	»	1	»	»	1	»	1	»	1			
1 pensionnaire de 1re classe passé à la 3e	»	»	»	»	»	»	»	»	»	»	»	»	»	»	»	»	»	»	»	»	»	»	»			
Mutations de classe	»	»	»	»	»	»	»	»	1	»	1	»	»	»	1	»	3	1	3	3	7	5	8	5	13		
Total des sorties, décès et mutations de classe	38	35	5	3	3	10	15	3	2	»	63	51	»	1	1	2	8	4	16	21	27	29	90	80	170		
Restants le 31 décembre 1884	246	288	106	84	16	10	7	»	1	1	377	382	»	»	1	7	7	11	21	31	29	49	406	431	837		
Nombre de journées de présence pendant l'année	90931	105312	39047	31601	6134	4630	2379	342	112	92	138054	141115	»	448	387	312	482	2401	3247	3923	8653	13394	14730	19075	150816	161100	311916
Moyenne de la population par jour.	248	287	107	85	17	13	7	1	1	»	380	386	»	1	1	6	6	11	24	36	32	54	412	440	852		

Compte administratif.

RECETTES

Chapitre 1er. — Recettes ordinaires.

Section 1re. — Recettes en argent.

Art. 1er. — Intérêts des fonds placés au trésor :

Prévisions budgétaires..........   1,200 »

Droits acquis.................   2,236 47

Excédant sur les prévisions......   1,036 47

Cet excédant tient à l'amélioration de la situation financière de l'asile.

Art. 2. — Aliénés de l'Eure :

Prévisions budgétaires...........   242,475 »

Droits acquis.................   249,913 80

Excédant sur les prévisions 7,438 80

Il reste à recouvrer sur cet article 1,870 fr. 97 c., dont 1,055 fr. 45 c., sont dus par le département, et 815 fr. 52 c., par trois familles d'indigents qui n'ont pas encore payé la quote-part contributive des frais de pension mise à leur charge.

L'excédant des recettes de cet article sur les prévisions tient à ce qu'il n'avait été prévu au budget que 520 aliénés indigents de l'Eure, tandis que la moyenne quotidienne a été de 536.

L'accroissement annuel du nombre des aliénés de l'Eure est dû, comme je l'ai dit dans le compte médical, à l'admission de beaucoup d'individus atteints d'idiotie et d'épilepsie, complètement incurables, qui vivent de longues années à l'asile et à la diminution considérable de la mortalité de cet établissement qui a lieu depuis cinq ans.

Le tableau suivant indique la dépense totale à l'asile des indigents de l'Eure, depuis le mois d'août 1866, époque à laquelle il a été ouvert, et la répartition de cette dépense entre le département, les communes et les familles des aliénés.

Frais de séjour à l'Asile des indigents de l'Eure.

	DÉPARTEMENT	COMMUNES	FAMILLES	TOTAL
1866	21,859 27	3,594 49	1,497 84	26,951 60
1867	58,440 80	11,170 60	3,581 10	73,192 50
1868	98,559 03	19,666 37	6,737 40	124,962 80
1869	141,411 09	28,960 76	9,790 45	180,162 30
1870	142,591 47	29,405 58	10,489 90	182,486 95
1871	131,231 01	26,908 27	7,514 07	165,713 35
1872	137,793 89	28,613 98	7,883 98	174,291 85
1873	142,692 56	30,039 59	8,446 95	181,179 10
1874	160,409 30	35,361 »	9,500 44	205,270 74
1875	169,233 58	37,719 01	11,348 21	218,300 80
1876	173,387 12	38,514 89	13,986 69	225,888 70
1877	171,521 64	38,786 82	13,728 49	224,036 95
1878	173,064 31	38,081 48	15,138 46	226,284 25
1879	177,069 88	38,288 97	13,263 65	228,622 50
1880	180,427 14	40,007 26	15,493 30	235,927 70
1881	187,044 17	41,624 45	13,974 13	242,642 75
1882	186,231 94	41,959 98	12,766 68	240,958 60
1883	184,371 58	42,682 47	13,090 15	240,144 20
1884	191,062 18	44,968 28	13,883 34	249,913 80
	2,828,401 96	616,414 25	202,115 23	3,646,931 44

Art. 3. — Aliénés au compte du département de la Seine :

Prévisions budgétaires.......... 101,931 »

Droits acquis................. 93,014 75

Déficit.................. 8,916 25

Le nombre de journées de présence prévu à l'asile pour ces aliénés était de 76,860, tandis qu'il n'a atteint que 70,048.

Art. 4. — Aliénés au compte de l'Etat et d'autres départements :

Prévisions budgétaires..........	21,960	»
Droits acquis................	20,710	70
Déficit................	1,240	30

Le nombre de journées de présence passées à l'asile par ces aliénés est inférieur de 945 journées à celui prévu par le budget.

Il reste dû sur cet article :

1° Par la Suisse....................	412	50
2° Par Seine-et-Oise................	3,654	»
3° Par la Seine-Inférieure	973	50
4° Par les Hautes-Pyrénées............	177	»
5° Par le ministère de l'Intérieur	65	»
6° Par deux aliénés dont le domicile de secours est encore indéterminé............	297	»
Total............ ...	5,579	»

Art. 5. — Pensionnaires de classe exceptionnelle :

Prévisions budgétaires	3,184	20
Droits acquis............	1,322	40
Déficit............	1,861	80

Art. 6. — Pensionnaires de 1re classe :

Prévisions budgétaires	4,172	40
Droits acquis	3,477	»
Déficit............	695	40

Art. 7. — Pensionnaires de 2ᵉ classe :

Prévisions budgétaires	7,320	»
Droits acquis................	11,528	»
Excédant sur les prévisions......	4,208	»

Art. 8. — Pensionnaires de 3ᵉ classe :

Prévisions budgétaires..........	14,274	»
Droits acquis................	16,278	60
Excédant sur les prévisions.......	2,004	60

Il reste à recouvrer sur cet article, 634 fr. 40 c.

Art. 9. — Pensionnaires de 4ᵉ classe :

Prévisions budgétaires..........	31,842	»
Droits acquis................	32,365	45
Excédant sur les prévisions......	523	45

Il reste à recouvrer sur cet article 2,527 fr. 33 c.

Les recettes des pensionnaires de la classe exception-nelle et des pensionnaires de 1ʳᵉ classe ont été inférieures aux prévisions budgétaires de 2,557 fr. 20 c., tandis que les recettes des pensionnaires des autres classes ont dépassé ces prévisions de 6,730 fr. 05 c.

Art. 10. — Domestiques au compte des familles :

Prévisions budgétaires	823	50
Droits acquis................	411	75
Déficit	411	75

Ce déficit a été dû à la même cause que celui de l'art. 5; la pensionnaire de la classe exceptionnelle à laquelle était attachée une domestique est sortie le 28 mai et n'a passé que 148 jours à l'asile, tandis que nous avions prévu une aliénée de classe exceptionnelle avec domestique pour toute l'année.

3

Cette pensionnaire n'a pas été remplacée, jusqu'à présent.

Recettes provenant des frais de séjour des aliénés entretenus au compte des familles, de 1871 à 1884.

(Art. 5, 6, 7, 8, 9 et 10 des recettes.)

ANNÉES	MONTANT des recettes	ANNÉES	MONTANT des recettes
1871	27,592 05	1878	55,942 17
1872	33,705 01	1879	56,476 72
1873	38,609 16	1880	57,865 62
1874	38,541 91	1881	61,012 88
1875	42,878 10	1882	63,287 50
1876	46,842 69	1883	69,978 95
1877	48,533 21	1884	65,383 20

Les recettes des pensionnaires, qui avaient toujours été en augmentant jusqu'en 1883, ont diminué, pendant l'année 1884, de 4,595 fr. 75 c. La diminution a porté sur toutes les classes, excepté sur la 2e. En 1883, elles avaient présenté une augmentation exceptionnelle.

Art. 11. — Vente d'os et d'objets hors de service :

Prévisions budgétaires.......... 700 »

Droits acquis................ 1,030 50

Excédant.................... 330 50

Cette recette, un peu supérieure à celle de 1883, a été produite par la vente d'os et de chiffons.

Art. 12. — Vente des produits excédant les besoins de l'asile :

Prévisions budgétaires.......... 500 »

Droits acquis................ 473 »

Déficit.................... 27 »

9 veaux ont été vendus 426 fr. 50 c. et 155 peaux de lapin, 46 fr. 50 c.

Art. 13. — Recettes accidentelles :

Prévisions budgétaires..........	11,000	»
Droits acquis...................	11,777	11
Excédant.....................	777	11

Cette recette comprend :

Les cuirs provenant de l'abattoir........	4,494	77
Les suifs —	2,223	03
Les sons de la meunerie...............	1,281	49
La braise de la boulangerie...........	360	50
Les chaussures fournies aux employés et aux pensionnaires.....................	249	»
Les inhumations des pensionnaires, suaires et autres fournitures pour ces inhumations..	635	50
Le pécule des aliénés décédés...........	643	32
Les douches payées par des personnes étrangères à l'asile, à 0 fr. 75 c. la douche..	57	75
Le chocolat fourni le matin aux indigents et aux pensionnaires de 4ᵉ classe..........	398	32
Le café fourni le matin aux indigents et aux pensionnaires de 4ᵉ classe...........	408	50
Le vin fourni aux employés et aux aliénés.	505	42
Des régimes supplémentaires divers.....	201	46
Des fournitures faites à des aliénés......	40	05
Une jument hors de service...........	87	50
Total.............	11,777	11

Art. 14. — Remboursement, par les familles, de dépenses excédant le prix de pension :

Prévisions budgétaires..........	500	»
Droits acquis.................	»	»

Les fournitures achetées au dehors de l'asile, pour les pensionnaires, ont été payées directement sur les comptes : *dépôt.*

Art. 15 et 16. — Frais de transfèrement d'aliénés et restitution de trop perçu................ 957 70

Les recettes concernant ces deux articles sont portées pour la même somme en dépenses et n'influent pas, par conséquent, sur les résultats du compte.

Section 2. — Revenus en nature et produit du travail des aliénés.

Art. 17. — Revenus en nature consommés :

Prévisions budgétaires..... .... 60,000 »
Droits acquis................. 74,101 24

Excédant............. ... 14,101 24

Ces revenus se sont élevés, en 1881, à 62,118 fr. 71 c., en 1882, à 73,120 fr. 72 c., et en 1883, à 77,324 fr. 40 c.

Leur évaluation a été un peu plus faible en 1884 qu'en 1883, par suite de la diminution du prix d'un certain nombre de légumes qui était trop élevé les années précédentes.

Les quantités récoltées ont été à peu près les mêmes en 1884 qu'en 1883, malgré la sècheresse de l'année qui a nui au jardinage.

Le tableau suivant donne le détail de ces produits en nature :

PRODUITS.	NOMBRE, poids et mesure.	QUAN-TITÉS.	PRIX de l'unité.	MONTANT.	CRÉDITS auxquels se rapportent ces revenus.	
Seigle.............	kilog.	1.164	» 18	209 52	Blé.	209 52
Porc frais........	id.	14.117	1 50	21.175 50		
Poulets..........	unités.	44	Prix div.	148 50		
Lapins...........	id.	231	3 »	693 »	Viande.	22.214 »
Canards..........	id.	47	3 »	141 »		
Oies	id.	8	7 »	56 »		
Fruits...........	kilog.	515	» 40	218 »		
Haricots verts sur couches	id.	3.776	Prix div.	2.131 60		
Pois verts	id.	686	id.	240 80		
Pommes de terre ..	id.	70.000	id.	5.700 »	Comestibles.	40.464 72
Légumes divers....	id.	236.985	id.	26.927 30		
Œufs............	unités.	7.541	id.	736 82		
Lait.............	litres.	22.551	» 20	4.510 20		
Bois à brûler......	stères.	56	12 »	672 »	Chauffage.	672 »
Fumier..........	Mètres cubes	1.000	3 50	3.500 »		
Jument..........	unité.	1	800 »	800 »	Culture.	4.480 »
Paille de seigle pour paillassons......	bottes.	120	1 50	180 »		
Avoine	hectol.	217	8 »	1.736 »		
Betteraves	id.	650	2 »	1.300 »		
Carottes	id.	50	2 50	125 »		
Pommes de terre à porcs...........	id.	80	2 »	160 »		
Foin, luzerne, sain-foin, etc........	bottes.	12.200	» 20	2.440 »	Fourrage et litière.	6.061 »
Paille d'avoine pour litière..........	id.	1.200	» 20	240 »		
Paille de seigle pour litière..........	id.	150	» 30	45 »		
Fanes de choux....	id.	100	» 10	10 »		
Fanes de carottes..	id.	50	» 10	5 »		
Total.............				74.101 24		74.101 24

Pour avoir le bénéfice net de l'exploitation agricole et maraîchère, il faut ajouter aux produits consommés s'élevant à.. 74,101 24

1° Les produits vendus qui ont été de...   473   »
(0 veaux, 155 peaux de lapin.)

2° La plus-value du cheptel...........   2,620   »

Total..........   77,203 24

Dont il faut retrancher les dépenses :

1° Le fumier, les fourrages et la litière récoltés, mais consommés à la ferme.....................   0,741   »

2° Les dépenses de l'art. 26 du compte administratif. Frais de culture   8,000   »

3° Les dépenses de l'art. 28. Fourrage et litière...........   3,714 63

4° Le traitement avec les avantages en nature du jardinier, du vacher-porcher, du chef de culture, de deux infirmiers chargés de la surveillance des aliénés travailleurs et le pécule de ces aliénés.....................   6,000   »

5° L'achat de 34 porcs......   2,005 22

6° Le son et le charbon de terre dépensés à la ferme......   5,500   »

Total..... 35,020 85   35,020 85

Reste pour le bénéfice net....... 41,282 39

Ce bénéfice a été en 1881 de 40,570 fr. 25 c., en 1882 de 39,004 fr. 30 c. et en 1883 de 41,306 fr. 59 c.

Le produit de notre porcherie, bien que très-mal installée, a été assez considérable comme le montre le détail suivant des recettes et des dépenses.

Recettes. — Abattage de 118 porcs qui ont produit 14,117 kilog. de viande à 1 fr. 50 c. le kilog.   21,175 50

Restant en magasin le 31 décembre 1884, 42 porcs à divers degrés d'engraissement, au prix moyen de 82 fr. 85 c.............   3,480 »

Total..............   24,655 50

Dépenses. — Restant en magasin, le 31 décembre 1883, 52 porcs estimés 4,012 42

Achat de 108 porcs 7,203 22

18,000 kilog. de son à 14 fr. les 100 kilog.   2,520 »

6,224 kilog. de recoupe à 19 fr. les 100 kilog.   1,182 56

476 hectol. de betteraves à 2 fr. l'hectol.   952 »

50 hectol. de carottes à 2 fr. 50 c. l'hectol.   125 »

80 hectol. de pommes de terre à 2 fr. l'hectol.   160 »

2,000 kilog. de charbon de terre à 31 fr. 75 c. les 1,000 kilog 63 50

Moitié du traitement du vacher-porcher..   600 »

Pécule des aliénés occupés à la porcherie.   60 »

Total..............   16,878 70

L'excédant des recettes sur les dépenses est de 7,776 fr. 80 c., qui réduit le prix de revient du kilog. de porc frais à 0 fr. 0489 au lieu du prix de 1 fr. 50 c. qu'il coûte à Evreux.

Le prix de revient du kilog. de porc a été de 1 fr. 116 en 1881, de 1 fr. 004 en 1882 et de 1 fr. 031 en 1883.

La vacherie a rapporté un bénéfice net de 2,473 fr. 70 c., somme à peu près égale à celle des deux années précédentes.

Art. 18. — Produit du travail des aliénés :

Prévisions budgétaires...........   42,000 »

Droits acquis.................   41,998 80

Déficit..........   1 20

Le produit du travail des aliénés a été évalué d'après un prix de journée qui est bien au-dessous de sa valeur réelle.

Le prix de la journée entière est de 0 fr. 10 c.; il n'est accordé qu'aux meilleurs travailleurs, les autres ne touchant qu'un, deux ou trois-quarts de ce prix.

Le nombre des travailleurs a été en moyenne de 424 par jour; il est assez peu élevé relativement au chiffre total des aliénés, ce qui tient à ce qu'il existe à l'asile beaucoup d'enfants et de vieillards incapables d'aucun travail.

Numéros d'ordre	NATURE DES TRAVAUX	NOMBRE de travailleurs	NOMBRE de journées	ÉVALUATION de la journée de travail	MONTANT
	HOMMES				
1	Jardinage et culture........	36	8.341	0.60	5.004 60
2	Terrassements	48	8.324	0.40	3.329 60
3	Cordonnerie	15	2.330	0.60	1.398 »
4	Maçonnerie...............	5	1.406	0.75	1.054 50
5	Menuiserie...............	6	1.712	0.75	1.284 »
6	Serrurerie................	5	1.473	0.75	1.104 75
7	Peinture	5	1.333	0.75	999 75
8	Couture, raccommodage.....	3	743	0.70	520 10
9	Meunerie, boulangerie......	4	1.171	0.80	936 80
10	Pharmacie................	1	32	0.70	22 40
11	Cuisine..................	5	1.492	0.60	895 20
12	Cave et bûcher............	4	1.156	0.60	694 20
13	Buanderie................	5	1.185	0.60	711 »
14	Conciergerie..............	1	228	0.60	136 80
15	Bureaux	5	1.220	0.70	854 »
16	Service intérieur	50	7.811	Diverses	2.055 »
	Totaux.............	198	39.958	»	21.000 70
	FEMMES				
17	Buanderie................	39	6.824	0.70	4.776 80
18	Repassage................	7	1.662	0.60	997 20
19	Lingerie	51	9.074	0.60	5.446 40
20	Vestiaire.................	61	10.487	0.60	6.292 20
21	Cuisine	11	2.225	0.40	890 »
22	Tricot	6	1.119	0.50	559 50
23	Service intérieur	51	8.317	Diverses	2.036 »
	Totaux.............	226	39.708	»	20.998 10

RÉCAPITULATION { Hommes............... 21.000 70
{ Femmes............... 20.998 10

Total................. .... 41.998 80

Nos ateliers sont trop petits pour occuper tous les aliénés de chaque corps d'état, et nous n'avons pas de magasins convenables pour loger les fournitures nécessaires à ces ateliers.

La plupart des travaux d'entretien des bâtiments sont exécutés par nos malades.

Ils ont fait, en 1884, des travaux de terrassements assez considérables ; ils ont creusé le nouveau réservoir d'eau et la tranchée de la nouvelle canalisation, qui part de ce réservoir pour se rendre à l'ancienne conduite d'eau, près du jardin des sœurs ; ils ont aussi établi les fouilles de la remise pour abriter le matériel agricole, de la nouvelle porcherie et du hangar qui doit recevoir le bois de boulangerie et le bois de chauffage. En outre, un certain nombre d'aliénés ont été occupés presque toute l'année à l'enlèvement du monticule de terre qui sépare les deux salles de bains de la division des hommes et à niveler la cour intérieure de la division des femmes, ainsi que la partie basse du jardin maraîcher qui confine au bois de l'asile.

Chapitre II. — Recettes extraordinaires.

Néant.

Chapitre III. — Recettes supplémentaires.

Elles comprennent :

1° L'excédant des recettes de l'exercice 1883 96,400 04
2° Les sommes à recouvrer de cet exercice
et des exercices antérieurs 7,520 77

Total.............104,020 71

Récapitulation des recettes.

	Prévisions budgétaires.	Droits constatés.	Recettes effectuées.	Restes à recouvrer.
Chap. Ier Ordinres.	545,482 10	561,606 33	550,967 40	10,638 93
Chap. II. Extrares.	» »	» »	» »	» »
Chap. III. Suppres.	104,029 71	104,029 71	100,666 24	3,363 47
Totaux...	649,511 81	665,636 04	651,633 64	14,002 40

DÉPENSES

Chapitre Ier. — Dépenses ordinaires.

Section Ire. — *Dépenses en argent.*

Art. 1er. — Traitement du directeur-médecin en chef :

Crédit alloué.................. 8,000 »

Dépense effectuée............. 8,000 »

Art. 2. — Traitement du receveur-économe :

Crédit alloué.................. 3,000 »

Dépense effectuée............. 3,000 »

Art. 3. — Traitement des employés de l'administration :

Crédit alloué.................. 7,100 »

Dépense effectuée............. 6,700 »

Reste annulé.............. 400 »

Cette annulation est due à ce que le dépensier est logé et nourri complètement à l'asile, tandis que son prédécesseur n'était pas logé et n'avait que le déjeuner. Le dîner et le logement ayant été évalués à 400 fr., le traitement du dépensier a été réduit de 1,200 fr. à 800 fr.

Art. 4. — Traitement des fonctionnaires et employés du service médical :

Crédit alloué................ 5,100 »

Dépense effectuée............ 4,699 45

Reste annulé.......... 400 55

Cette annulation est due à ce que les deux places d'internes n'ont pas été occupées toute l'année.

Art. 5. — Traitement de l'aumônier :
Crédit alloué................ 1,500 »
Dépense effectuée............ 1,500 »

Art. 6. — Vestiaire des sœurs :
Crédit alloué................ 4,400 »
Dépense effectuée............ 4,400 »
Il y a, à l'asile, 22 sœurs, qui ont chacune 200 fr.

Art. 7. — Solde des préposés et servants :
Crédit alloué................ 30,050 »
Dépense effectuée............ 29,349 32

Reste annulé............ 700 68

Cette annulation tient à des vacances d'emploi parmi les infirmiers et les infirmières, dont le recrutement est toujours difficile et l'instabilité trop grande. Ce personnel s'est cependant amélioré depuis quelques années, par suite de l'élévation de son traitement, qui devra encore être augmenté.

Les sœurs sont nourries de 1re classe.

Les infirmiers et les infirmières ont une nourriture spéciale, à peu près équivalente à celle de la 3e classe ; ils sont complètement habillés.

Le tableau suivant indique le nombre des fonctionnaires, employés, préposés ou infirmiers, avec le traitement et les avantages en nature qui leur sont alloués, ainsi que les dépenses qui ont été effectuées :

Articles du budget.	FONCTIONS et emplois.	TRAITEMENT EN ARGENT		AVANTAGES en nature.	ÉVALUATION des avantages en nature.	RÉTRIBUTION totale.
		prévu au budget.	payé.			
1	Directeur-Médecin.	8.000 »	8.000 »	Logé, chauffé, éclairé.	800 »	8.800 »
2	Receveur-Économe	3.000 »	3.000 »	id.	300 »	3.300 »
3	Employés d'administration					
	Secrétaire........	1.800 »	1.800 »	Déjeûner.	250 »	2.050 »
	Commis de direction..........	800 »	800 »	Nourri, logé, chauffé, éclairé.	580 »	1.380 »
	1er commis d'économat........	1.700 »	1.800 »	Déjeûner.	250 »	2.050 »
	2e commis d'économat..........	1.600 »	1.500 »	id.	250 »	1.750 »
	Dépensier........	1.200 »	800 »	Nourri, logé, chauffé, éclairé.	580 »	1.380 »
4	Service médical					
	Médecin-Adjoint..	2.500 »	2.708 33	Logé, chauffé, éclairé.	270 84	2.970 17
	2 internes........	1.600 »	991 12	Nourris, logés, chauffés, éclairés.	1.019 25	2.010 37
	Surveillant en chef	1.000 »	1.000 »	Nourri, logé, chauffé, éclairé, habillé.	915 »	1.915 »
5	Aumônier........	1.500 »	1.500 »	Logé, chauffé, éclairé.	150 »	1.650 »
6	22 sœurs.........	4.400 »	4.400 »	Nourries, logées, chauffées, éclairées.	15.908 »	20.308 »
7	Préposés & Servants.					
	16 préposés (hom.)	8.800 »	8.768 19		8.275 20	17.043 39
	10 — (fem.)	3.150 »	2.983 18	Nourris, logés, chauffés, éclairés, habillés et blanchis.	5.110 »	8.093 18
	29 infirmiers......	11.800 »	11.705 39		15.721 60	27.426 99
	22 infirmières.....	6.300 »	5.892 56		11.480 »	17.372 56
	Totaux...	59.150 »	57.648 77		61.859 89	119.508 66

Le nombre de journées d'aliénés traités ayant été de 311,970, la dépense du personnel a été pour chaque aliéné de 0 fr. 332.

Le traitement annuel moyen des préposés est pour les hommes de 548 fr. 01 c., et pour les femmes de 298 fr. 32 c.

Celui des infirmiers est de 418 fr. 04 c., et celui des infirmières de 207 fr. 84.

Dans la section des hommes le service est purement laïque, tandis qu'il est mixte dans la section des femmes, où 22 sœurs ont sous leur direction 10 préposés et 22 infirmières.

Art. 8. — Frais de culte :

Crédit alloué....................	300	»
Dépense effectuée.............	298	50
Reste annulé.................	1	50

Art. 9. — Frais de sépulture :

Crédit alloué....................	360	»
Dépense effectuée.............	360	»

Nous avons acheté 275 fr. 75 c. de bois pour cercueils, et un drap mortuaire 84 fr. 25 c.

Art. 10. — Frais d'administration de bureau, etc. :

Crédit alloué....................	2,850	»
Dépense effectuée.............	2,847	90
Reste annulé	2	10

Ce crédit a servi à payer les dépenses suivantes :

Imprimés divers.....................	1,087	95
Fournitures de bureau..............	554	95
Livres et journaux	420	95
Affranchissements divers	283	20
A reporter.........	2,347	05

Report	2,347	05
Société de secours mutuels des médecins aliénistes	100	»
Frais de réintégration d'aliénés.........	98	70
Remontage de l'horloge..............	60	»
Remisage des chevaux et des voitures d'attelage à Evreux...................	80	»
Dépenses diverses	162	15
Total.............	2,347	90

Art. 11. — Contributions :

Crédit alloué.................	150	»
Dépense effectuée.............	24	33
Reste annulé	125	67

Nous avons payé sur ce crédit : 2 fr. pour le chien de garde de l'asile et 22 fr. 33 c. pour les contributions de la propriété Haulard nouvellement achetée.

Art. 12. — Blé :

Crédit alloué	66,000	»
Dépense effectuée	61,902	40
Reste annulé..............	4,097	60

Ce crédit a été employé à l'achat de blé aux prix suivants :

1er semestre.....	130,000 k.	à 26 fr. 83 les 100 k.	34,879	»
2e semestre......	108,000	à 24 fr. 93 —	26,924	40
Blé pour échantillon.	484	à prix divers —	99	»
	238,484		61,902	40

Prix de revient de la farine.

En ajoutant au blé acheté la récolte de la propriété de

l'asile, les quantités restant en magasin le 31 décembre 1883, diminuées de celles existant à la fin de l'année 1884, on obtient 244,408 kilog. de blé qui ont été livrés au moulin et dont la valeur est de............ 63,035 75

Les frais de mouture ayant été de 1,222 52

La dépense totale est de............ 64,258 27

La recette comprend :

49,350 kilog. de son à 0 fr. 12......... 5,922 »

6,446 — de recoupe à 0 fr. 18 ..... 1,160 28

183,354 — de farine qui est revenue à 0 fr. 3118..................... 57,175 99

Total de la recette égale à la dépense.. 64,258 27

100 kilog. de blé ont produit 74 kilog. 99 de farine.

Prix de revient du pain.

Le boulanger a reçu 144,619 kilog. de farine confectionnée pendant l'année 1884 à 0 fr. 3118 le kilog. 45,092 20 et 20,813 kilog. de farine restant en magasin au 31 décembre 1883 à 0 fr. 2,822... 5,873 42

Total.............. 50,965 62

Il a fabriqué avec cette farine 217,368 kilog. de pain, ce qui donne un rendement de 131 kilog. 39 pour cent.

Les frais de boulangerie se sont élevés à 2,886 95 somme qu'il faut, pour avoir le prix total de la dépense, ajouter au prix de la farine. 50,965 62

Total.............. 53,852 57

Dont il faut déduire pour avoir la dépense réelle 268 hectol. de braise estimée 1 fr. 75 l'hectol....................... 469 »

53,383 57

Ce qui porte le kilog. de pain à 0 fr. 2455.

Les frais de mouture et de boulangerie comprennent : le traitement et les avantages en nature du meunier-boulanger, le bois de boulangerie, le sel et le fleurage employés à la fabrication du pain, l'entretien du matériel et le pécule des aliénés.

La valeur locative des bâtiments, du four et du moulin n'est pas comprise dans ces frais.

Le prix du pain, d'après la taxe de la ville d'Evreux, a été pendant l'année en moyenne de 0 fr. 2942 le kilog. de 0 fr. 0487 par conséquent supérieur à celui de l'asile.

Si le pain de l'établissement eût été mis en adjudication, il est probable que l'adjudicataire aurait fait un rabais d'environ 0 fr. 02 c. sur la taxe, comme cela a lieu pour l'hospice et le lycée, ce qui réduit l'économie de l'asile à 0 fr. 0287 par kilog. et porte l'économie totale pour l'année à 6,238 fr. 46 c.

Non-seulement le pain fabriqué à l'asile coûte moins cher que s'il était acheté chez un boulanger, mais sa qualité est aussi meilleure, surtout sous le rapport de la cuisson. Il est presque impossible d'avoir du pain bien cuit dans les asiles qui n'ont pas de boulangerie.

Le pain fabriqué à l'asile passe même pour meilleur que celui vendu à Evreux.

Le prix du pain est revenu à l'établissement à 0 fr. 33 c. le kilog. en 1880, à 0 fr. 29 c. en 1881, à 0 fr. 30 c. en 1882 et à 0 fr. 257 en 1883.

Les bénéfices résultant de la meunerie et de la boulangerie ont été de 5,451 fr. 39 c. en 1880, de 12,016 fr. en 1881, de 8,643 fr. 02 c. en 1882 et de 8,741 fr. 95 c. en 1883.

La variabilité de ces bénéfices, suivant les années, tient à la différence plus ou moins grande entre le prix d'achat du blé par adjudication, dont les conditions sont toujours très-onéreuses par suite du petit nombre de soumissionaires, et le prix du cours de la halle d'Evreux, d'après lequel est fixée la taxe du pain.

Si le blé n'était pas mis en adjudication, s'il était acheté directement chez les producteurs, au prix du cours, les bénéfices resteraient les mêmes chaque année et atteindraient au moins ceux de 1881.

La moyenne de la population à nourrir ayant été de 954 individus, y compris le personnel, et la quantité de pain dépensée de 217,368 kilog., la consommation individuelle et annuelle s'est élevée à 227 kilog. 840; en 1883 elle avait été de 228 kilog. 254, en 1882 de 230 kilog. 15, en 1881 de 229 kilog. 39 et en 1880 de 229 kilog. 67.

La consommation quotidienne et individuelle n'a été que de 622 gr., bien que le pain soit donné à discrétion à toutes les catégories d'individus nourris.

L'allocation réglementaire est bien supérieure à la dépense effectuée; elle est de 800 gr. pour les hommes et de 700 gr. pour les femmes.

La faible consommation du pain tient à sa qualité très-nutritive et au régime alimentaire de l'asile, qui est suffisamment réparateur.

Le pain est le même pour le personnel, toutes les classes de pensionnaires et les indigents.

Art. 13. — Viande :

Crédit alloué	80,000	»
Dépense effectuée..............	69,682	73
Reste annulé	10,317	27

Ce crédit a servi à payer 19 bœufs, 60 vaches, 120 veaux, 132 moutons, une vache laitière, 34 porcs et 6 canards.

Les veaux sur pied ont été adjugés à 1 fr. 32 c. le kilog., les bœufs et les moutons, pour lesquels l'adjudication n'a pas réussi, ont été achetés de gré à gré par les soins de l'administration. Les bœufs et les vaches sont revenus au prix moyen de 0 fr. 827 le kilog. sur pied et les moutons à 0 fr. 939

Le prix de revient de la viande abattue à l'asile a été

pour le bœuf de........................... 1 44
pour le veau de............................ 1 68
et pour le mouton de....................... 1 75

Le prix moyen de la viande de boucherie a été de 1 fr. 53 c.; en 1883, il avait été de 1 fr. 55 c.; en 1882, de 1 fr. 51 c.

Les bœufs ont donné un rendement de viande

de.. 56,25 %
Les veaux de............................... 74,92 %
Et les moutons de.......................... 51,69 %

Le rendement des trois espèces de viande réunies a été de.......................... 59,84 %

Il diffère peu de celui des trois années précédentes.

Il a été consommé pendant l'année :

26,504 k. 500 de bœuf à 1 fr. 44 c........	38,166	48
10,938 k. 290 de veau à 1 fr. 68 c........	18,376	32
3,149 k. » de mouton à 1 fr. 75 c......	5,510	75
14,117 k. » de lard frais à 1 fr. 50 c.....	21,175	50
428 k. » de volailles et lapins à prix divers................	1,038	50
55,136 k. 790	84,267	55

La consommation de viande a été en 1883 de 54,938 kilog. 180; en 1882, de 53,169 kilog. 030; en 1881, de 56,611 kilog. 720.

La consommation annuelle par individu, les aliénés et le personnel réunis, a été en 1884 de 57 kilog. 705; en 1883, de 57 kilog. 051; en 1882, de 56 kilog. 80, et en 1881, de 59 kilog. 279.

La ration réglementaire allouée par semaine aux indigents est de 1,280 gr. pour les hommes et de 1,120 gr. pour les femmes; elle me paraît suffisante sans être exagérée.

Cette quantité de viande est répartie entre huit repas dont six le matin ayant une ration de 170 gr. pour les hommes et de 150 gr. pour les femmes, et deux le soir, le jeudi et le dimanche, dont la ration est de 130 gr. pour les hommes et de 110 gr. pour les femmes, avec un plat de légumes.

Lorsque le jardin produit beaucoup de légumes frais, la ration quotidienne de viande du matin est souvent, comme celle du soir, réduite à 130 gr. pour les hommes et à 110 gr. pour les femmes. La diminution de 40 gr. sur la ration réglementaire est compensée par un plat de légumes que préfèrent les malades et dont la dépense est équivalente.

Notre abattoir a fonctionné d'une manière très-satisfaisante et nous a fourni de très-bonne viande, dont le prix de revient a été inférieur d'au moins 0 fr. 10 c. par kilog. à celui qu'elle nous eût coûté si elle avait été mise en adjudication.

Art. 14. — Vin et pommes :

Crédit alloué..................	32,000	»
Dépense effectuée.............	22,232	89
Reste annulé...............	9,767	11

Ce crédit a été employé aux dépenses suivantes :

10,982 kilog. de pommes à 57 fr. 70 c. les 1,000 kilog.	633	65
840 — 60 fr. » —	50	40
26,195 — 64 fr. » —	1,676	48
138,135 — 85 fr. » —	11,741	43
16,811 litres de vin à 0 fr. 43 c. le litre............	7,228	73
880 — pour échantillon à prix divers.....	533	40
4 mois de rétribution du brasseur..............	368	80
Total.............	22,232	89

Nous avons brassé 198,812 kilog. de pommes qui ont coûté 15,035 fr. 58 c. et qui ont produit 3,780 hectol. de boisson.

Les frais de brassage, rétribution du brasseur, pécule des aliénés, régimes supplémentaires de ces malades, entretien du matériel, s'étant élevés à 832 60
et l'achat des pommes à 15,035 58

Ces 3,780 hectol. sont revenus à l'asile à   15,868 18
ce qui porte le prix de l'hectolitre à 4 fr. 197.

La quantité de boisson dépensée a été de   348,162 l. 130
dont il faut retrancher. . . . .   16,058 l. »
de lie pour avoir la consommation réelle

du personnel et des aliénés. . . . .   332,104 l. 130

Il a été dépensé 322,150 lit. 150 de boisson en 1883 et 317,618 lit. 850 en 1882.

La quantité de vin dépensée en 1884 a été de 17,757 lit. 280 ; elle a été en 1883, de 17,017 lit. 700 et en 1882, de 15,222 lit. La consommation plus grande de vin en 1884 et en 1883 tient non-seulement à l'augmentation de la population de l'asile, mais aussi à ce que j'accorde des rations supplémentaires de vin à tous les aliénés qui en ont besoin.

Les rations réglementaires de vin et de boisson sont les suivantes :

	Hommes.	Femmes.
Vin. — Pensionnaires de la classe exceptionnelle, des trois premières classes, des employés et des sœurs.	0 l. 60	0 l. 50
Cidre. } 4ᵉ classe et indigents	1 l. »	0 l. 75
Préposés et infirmiers.	2 l. 25	1 l. 50

Des rations supplémentaires de 0 lit. 30 de cidre sont accordées à tous les aliénés occupés à des travaux pénibles et ces suppléments se montent pendant la saison d'été jusqu'à 120 litres par jour.

Le cidre fabriqué à l'asile, bien que très-léger, est une boisson très-agréable, qui se conserve très-bien parce qu'elle est logée dans des tonneaux de 40 à 50 hectol.

Elle est bien préférable au cidre pur coupé avec moitié eau et beaucoup plus économique.

Art. 15. — Comestibles :

Crédit alloué..................	44,000	»
Dépense effectuée.............	41,735	80
Reste annulé...............	2,264	20

Les dépenses auxquelles ce crédit a été affecté sont les suivantes :

Café 2,142 fr., chocolat 974 fr. 45 c., figues 353 fr. 93 c., fromage de gruyère 674 fr. 10 c., fromage ordinaire 1,692 fr. 50 c., huile d'olives 1,242 fr. 52 c., huile d'œillette 2,612 fr. 61 c., haricots ordinaires 3,413 fr. 69 c., morue 2,052 fr., œufs 4,875 fr. 40 c., pruneaux 945 fr. 16 c., pois cassés 1,311 fr. 50 c., pommes de terre 315 fr. 40 c., poisson frais 3,093 fr., raisiné 2,286 fr. 84 c., riz, 751 fr. 47 c., raisins secs 513 fr. 80 c., sardines 427 fr. 20 c., sel gris 1,532 fr. 52 c., sucre 2,011 fr. 51 c., saindoux 4,815 fr. 10 c., vinaigre 785 fr. 70 c., dépenses diverses 1,983 fr. 40 c.

La dépense du crédit comestibles a été de 42,603 fr. 37 c. en 1883, un peu plus forte par conséquent que celle de 1884.

Art. 16. — Dépenses de pharmacie :

Crédit alloué.................	2,100	»
Dépense effectuée	2,099	99
Reste annulé	0	01

Ce crédit a été employé aux dépenses suivantes :

Médicaments	1,676 60
Désinfectants	345 99
Eau-de-vie	77 40

Le sucre a été mandaté à l'art. 15 et le vin à l'art. 14.

Depuis quatre années, la dépense de la pharmacie n'a pas varié.

Art. 17. — Tabac :

Crédit alloué	2,800 »
Dépense effectuée	2,771 95
Reste annulé	28 05

Il a été dépensé sur ce crédit, qui n'a pas varié depuis trois ans, pour 1,020 fr. de tabac de cantine à priser, pour 1,740 fr. de tabac à fumer et pour 11 fr. 05 c. de pipes et papier à cigarettes.

Les hommes dépensent en outre une grande partie de leur pécule à s'acheter du tabac ordinaire.

Art. 18. — Lingerie et vêture :

Crédit alloué	34,000 »
Dépense effectuée	33,999 99
Reste annulé	0 01

Art. 19. — Dépenses du coucher :

Crédit alloué	10,000 »
Dépense effectuée	9,991 35
Reste annulé	8 65

Un assez grand nombre d'objets de la lingerie, de la vêture et du coucher ont été mis hors de service en 1884, ce qui nécessitera une augmentation de ces deux crédits dans le budget de 1886.

Art. 20. — Entretien et renouvellement du mobilier :

Crédit primitif................	18,000	»
Crédit supplémentaire..........	008	00
	18,008	00
Dépense effectuée...............	18,008	00

Le mobilier de l'asile est encore insuffisant, ce qui explique l'importance de cette dépense.

Elle comprend 272 articles indiqués dans le compte de gestion en matières et dont l'énumération serait trop longue à faire ici.

Toutes les réparations de menuiserie, de serrurerie, de zinguerie sont faites par nos ateliers, et un assez grand nombre d'objets neufs y sont également confectionnés.

Art. 21. — Blanchissage :

Crédit primitif................	6,800	»
Crédit supplémentaire..........	700	»
	7,500	»
Dépense effectuée...............	7,499	97
Reste annulé	0	03

Les frais de blanchissage ont été, en 1881, de 6,175 fr. 10 c.; en 1882, de 6,799 fr. 02 c., et en 1883, de 6,799 fr. 89 c.

Art. 22. — Chauffage :

Crédit alloué	19,000	»
Dépense effectuée...............	17,548	28
Reste annulé................	1,451	72

Il a été dépensé en 1884 : 853 bourrées, 68 stères de bois à brûler, 213 st. 200 de bois de boulangerie, 2,396 kil. de charbon de bois, 433,160 kilog. de charbon de terre, 37,833 kilog. de coke et 60 hectol. de charbon de forge.

La dépense du crédit chauffage a été en 1881, de 19,000 fr. 87 c.; en 1882, de 17,422 fr. 99 c., et en 1883, de 17,618 fr. 16 c.

Tout le bois de chauffage brûlé a été récolté dans la propriété de l'asile et il en a été de même en 1883 et en 1882; ce fait explique en partie pourquoi la dépense du chauffage a été plus élevée en 1881 que pendant les années suivantes.

Art. 23. — Eclairage :

Crédit alloué..................	3,200	»
Dépense effectuée..............	3,173	92
Reste annulé................	26	08

Cette dépense a peu varié depuis douze ans; elle est aussi restreinte que possible.

Il a été brûlé 2,533 kilog. 200 d'huile et 136 kilog. 500 de bougie.

Art. 24. — Entretien des bâtiments et murs :

Crédit primitif................	24,000	»
Crédit supplémentaire..........	1,261	87
	25,261	87
Dépense effectuée	25,261	87

Il a été dépensé pour cet article 19,989 fr. 07 c. en 1882, et 22,636 fr. 10 c. en 1883.

Depuis quatre ans, de nombreuses réparations ont été faites aux bâtiments, qui commencent aujourd'hui à être en bon état, à l'exception des enduits extérieurs dont une très-grande partie devra être refaite.

Jusqu'à l'année 1881, l'entretien des bâtiments avait été négligé parce que les nécessités financières de l'asile avaient forcé de trop restreindre ce crédit.

Art. 25. — Entretien des propriétés (frais de culture) :

Crédit alloué   8,000   »
Dépense effectuée   8,000   »

74 porcs ont coûté 4,238 fr., une vache laitière 705 fr., 182 mètres de fumier 610 fr. Le reste de la dépense afférente à ce crédit a été employé à l'achat de graines, d'arbres, de pots de fleurs, de paille de seigle pour paillassons, au paiement de saillies des vaches, d'instruments aratoires, de ferrage des chevaux, d'honoraires du vétérinaire, etc.

Art. 26. — Gratifications aux travailleurs :

Crédit alloué   8,000   »
Dépense effectuée 7,999 72
                                            ──────────
Reste annulé 0 28

Même dépense que pendant les trois années précédentes.

Art. 27. — Fourrage et litière :

Crédit alloué   6,000   »
Dépense effectuée 3,714 63
                                            ──────────
Reste annulé 2,285 37

Cette annulation, assez considérable, tient au bon marché de la paille qui n'a coûté que 30 fr. 95 c. les 1,000 kilog., tandis qu'en 1882 elle a été adjugée au prix de 64 fr. 69 c.

Ce crédit est presque entièrement consacré à l'achat de paille pour litière et pour le coucher des aliénés malpropres.

Art. 28. — Dépenses imprévues :

Crédit primitif 4,672 10
Crédit supplémentaire   3,000   »
                                            ──────────
                                              7,672 10
Dépense effectuée 4,952 61
                                            ──────────
Reste annulé 2,719 49

Ce crédit a été employé aux dépenses suivantes qui n'ont eu lieu qu'en vertu de délibérations de la commission de surveillance, approuvées par l'autorité préfectorale :

Achat de deux chevaux...............	2,465 »
Dépenses supplémentaires pour l'entretien et le renouvellement du mobilier........	998 09
Dépenses supplémentaires pour l'entretien des bâtiments......................	1,261 87
Complément des frais d'achat de la propriété Haulard......................	226 75

Les frais prévus pour cette acquisition n'étaient que de 500 fr., tandis qu'ils se sont élevés à 726 fr. 75 c.

Art. 29. — Restitution de trop perçu :

Crédit alloué................	600 »
Dépense effectuée............	144 20
Reste annulé	455 80

Art. 30. — Fournitures aux familles excédant le prix de pension :

Crédit alloué................	500 »
Dépense effectuée............	» »
Reste annulé	500 »

Art. 31. — Frais de transfèrement d'aliénés :

Crédit alloué................	1,000 »
Dépense effectuée............	813 50
Reste annulé	186 50

Section 2°. — Dépenses en nature.

Art. 32. — Produits en nature consommés. 74,101 24

Art. 33. — Travail des aliénés......... 41,998 80

Les articles 29, 30, 31, 32 et 33, correspondant à des articles semblables en recettes, ne donnent lieu à aucune observation.

Chapitre II. — Dépenses extraordinaires.

10e annuité au département :

Crédit alloué.................. 10,000 »

Dépense effectuée............. 10,000 »

La dette de l'asile envers le département se trouve réduite à 15,062 fr. 50 c.

Chapitre III. — Dépenses supplémentaires.

Section 1re. — Dépenses extraordinaires.

Art. 35. — Construction d'un hangar pour abriter le matériel agricole.

Crédit alloué 8,701 24

Dépense effectuée............. 6,806 47

Reste annulé 1,824 77

Art. 36. — Construction d'un réservoir d'eau et d'une nouvelle canalisation.

Crédit alloué 10,889 97

Dépense effectuée............. 10,848 20

Reste annulé................. 41 77

Art. 37. — Achat de la propriété Haulard.

Crédit alloué .... 7,000 »

Dépense effectuée............. 7,000 »

Art. 38. — Construction d'une porcherie avec hangar pour le bois de chauffage et le bois de boulangerie.

Crédit alloué...................	34,578	16
Dépense effectuée.............	11,380	»
Reste annulé	23,198	16

La construction du hangar pour abriter le matériel agricole, celle de la porcherie et du hangar pour le bois de chauffage et le bois de boulangerie ne sont pas terminées, et les annulations des crédits, concernant ces constructions, devront être reportées au budget supplémentaires de 1885.

Le nouveau réservoir d'eau est construit solidement en murs de silex avec chaînes et voûte en briques. Cette voûte est recouverte de 0^{m}50 de terre pour conserver la fraîcheur de l'eau. Il contient 400 mètres cubes d'eau à prendre, et la contenance de l'ancien bassin étant de 200 mètres, la réserve d'eau est actuellement de 600 mètres, ce qui donne une provision d'eau pour environ six jours.

Ce nouveau bassin est alimenté par la pompe qui puise l'eau dans un bassin de captation, tandis que l'ancien bassin continue à être alimenté par les béliers. Le trop plein du nouveau bassin se rend dans l'ancien.

L'asile est désormais assuré de ne jamais manquer d'eau, qui ne coûtera rien à l'établissement.

L'achat de la propriété Haulard donne à l'asile sa limite naturelle du côté sud-est.

Les deux maisons qu'elle contient formeront deux logements convenables pour deux employés, qui maintenant sont forcés d'habiter très-loin de l'établissement.

Récapitulation des Dépenses.

	Prévisions budgétaires.	Droits constatés.	Restes annulés.
Chapitre 1ᵉʳ, ordinaires....	535,482 10	502,452 75	33,029 35
Chapitre ii, extraordinaires	10,000 »	10,000 »	» »
Chapitre iii, supplément^{res}.	79,060 61	51,276 39	27,784 22
Totaux......	624,542 71	563,729 14	60,813 57

Les recettes prévues au budget primitif et au budget supplémentaire s'élevaient à 640,511 fr. 81 c.; les droits acquis ont été de 665,636 fr. 04 c.; les recettes effectuées de 651,633 fr. 64 c.; les restes à recouvrer de 14,002 fr. 40 c.

Les dépenses prévues étaient de 624,542 fr. 71 c.; les droits constatés ont été de 563,729 fr. 14 c.; les dépenses effectuées de 556,910 fr. 54 c.; les restes à payer de 6,818 fr. 60 c.

Les recettes effectuées ayant été de......	651,633 64
Les dépenses de.....................	556,910 54
L'excédant des recettes est de ...	94,723 10
En ajoutant à cet excédant les restes à recouvrer...........................	14,002 40
On obtient comme excédant total.......	108,725 50
dont il faut retrancher les restes à payer...	6,818 60
pour avoir l'actif de l'asile qui est de......	101,006 90
La dette envers le département, non portée au compte, s'élevant à............	15,062 59
L'actif de l'asile est réduit par cette dette à	85,944 31

SITUATION FINANCIÈRE EN FIN D'EXERCICE

Valeur en nature.

Les terrains de l'asile ont coûté.......	428,538	39
Les bâtiments....................	2,335,068	86
Le mobilier.....................	149,785	29
La lingerie et la vêture............	248,154	58
Le coucher.....................	281,255	19
Les restants en magasin............	77,950	08
Total.............	3,521,053	29

Valeur en argent.

Actif.

Excédant de l'exercice clos	94,723	10
Restes à recouvrer.................	14,002	40
Total.....................	108,725	50

Passif.

Reste à payer...........	6,818	60	
Reste dû au département..	15,962	59	22,781 19
Excédant de l'actif sur le passif....		85,944	31

En ajoutant cet excédant à la valeur en nature, 3,521,053 fr. 29 c., on a, pour l'estimation réelle de l'établissement, la somme de 3,607,507 fr. 60 c., qui est supérieure de 42,286 fr. 03 c. à celle de 1883.

Le boni en argent a été de 7,877 fr. 10 c. et celui en nature de 34,409 fr. 44 c.

Le boni en nature comprend : 1° l'augmentation des bâtiments, qui est de 36,421 fr. 42 (hangar, 6,966 fr. 47 c., réservoir d'eau, 10,848 fr. 20 c.; propriété Haulard, 7,220 fr. 75 c.; porcherie avec hangar, 11,386 fr.); 2° l'augmentation des restants en magasin, 6,022 fr. 03 c.;

3° l'augmentation du coucher, 2,214 fr. 85 c.; total, 44,650 fr. 20 c., dont il faut retrancher, 10,249 fr. 76 c., savoir: pour la lingerie, 3,910 fr. 63 c., et pour le mobilier, 6,339 fr. 13 c.

La diminution, assez élevée, du mobilier tient à ce que les chevaux et les vaches, dont la valeur était de 9,830 francs 08 centimes et qui étaient placés dans l'inventaire, ont été classés parmi les restants en magasin, en sorte que le mobilier a présenté réellement une augmentation de 3,490 fr. 95 c., au lieu d'une diminution de 6,339 fr. 13.

L'excédant des recettes ordinaires en argent sur les dépenses de même nature a été de 44,208 fr. 01 c. et inférieur de 10,432 fr. 85 c. à celui de l'exercice 1883.

Cette diminution tient à ce que les pommes ont coûté plus cher en 1884 qu'en 1883, à ce que la dépense des crédits: lingerie, coucher, mobilier et entretien des bâtiments a dû être augmentée, et à ce que les recettes des pensionnaires ont été plus faibles.

L'excédant des années 1883 et 1884 est bien supérieur à celui des années précédentes.

Il a été, en 1882, de 32,040 fr. 63 c.; en 1881, de 24,242 fr. 50 c.; en 1880, de 16,310 fr. 15 c.; en 1879, de 13,440 fr. 01 c.

En résumé, tous les services de l'asile ont fonctionné, en 1884, d'une manière très-satisfaisante.

Les conditions hygiéniques ont été très-bonnes, la mortalité très-faible, le nombre des sorties par guérison et amélioration assez élevé et de notables économies ont été faites.

Des améliorations importantes ont été accomplies et celles qui restent à réaliser pourront l'être facilement avec les seules ressources de l'asile, dont la situation financière ne laisse aujourd'hui rien à désirer.

La commission de surveillance a adopté à l'unanimité

les conclusions suivantes du rapport de celui de ses membres qu'elle avait chargé d'examiner ces comptes :

« Ces résultats si satisfaisants sont dus, Messieurs, à la direction si habile et si intelligente de M. le docteur Brunet, dont nous n'avons plus à faire l'éloge. Sa préoccupation constante des intérêts de l'asile, son dévouement de chaque instant ont fait de l'asile de l'Eure un établissement modèle, et nous sommes l'interprète des sentiments de la commission en exprimant le vœu qu'il lui soit enfin accordé par le Gouvernement la récompense si légitime qu'il mérite à tous les titres.

« Nous appelons aussi tout particulièrement l'attention de la commission sur la régularité du service si compliqué et si minutieux de M. Rosset, et nous sommes heureux de pouvoir lui adresser toutes nos félicitations.

« La commission doit également une large part d'éloges et de remerciements à M. le docteur Bessière pour les soins assidus et dévoués qu'il donne aux malades.

« La régularité constatée de tous les services est le meilleur éloge qu'on puisse adresser à tous les employés de cet établissement. »

Budget supplémentaire de 1885.

RECETTES

Elles comprennent :

1° L'excédant de l'exercice clos	94,723	10
2° Les restes à recouvrer	14,002	40
Total	108,725	50

Un état explicatif donne le détail des sommes dues à l'asile qui, je pense, pourront être toutes recouvrées.

DÉPENSES

Section 1re. — Dépenses ordinaires.

Reste à payer de 1884. — Lingerie et vêture.   6,818 60

L'adjudicataire de cette fourniture n'avait pas terminé sa livraison à la fin de l'exercice.

Section 2°. — Dépenses extraordinaires.

1° Construction d'un hangar pour abriter le matériel agricole. 1,824 77

Le crédit alloué par le Conseil général dans sa session d'août se monte à. 8,791 24

sur lequel il a été payé comme à-compte.   6,966 47

Il reste, par conséquent, à reporter à ce budget la différence qui est de.   1,824 77

Ce hangar est terminé, mais le solde des travaux n'a pu être payé, parce que les portes, dont la confection laissait à désirer, ont été refusées par M. l'architecte du département.

2° Construction d'une porcherie et d'un hangar pour recevoir le bois de chauffage et de boulangerie   23,198 16

Le crédit alloué est de. 34,578 16

sur lequel il a été mandaté comme à-compte. . . . .   11,380 »

Il reste donc à reporter. 23,198 16

Cette construction, qui a été commencée à la fin de septembre 1884, sera bientôt terminée.

Construction d'une brasserie de cidre. 20,229 05

La fabrication à l'asile, depuis quelques années, de cidre mêlé d'eau procure à l'établissement une boisson très-saine et très-économique; tandis que, lorsque le cidre était mis en adjudication, il était presque toujours sophistiqué et coûtait beaucoup plus cher.

Cette fabrication est installée, d'une manière très-insuffisante, dans un coin étroit de la cave, où l'on ne peut placer qu'une presse à bras, six cuves et quatre petits moulins que font mouvoir les aliénés. En outre, l'espace destiné à loger les pommes ne peut en contenir qu'une très-petite quantité.

Le brassage dure quatre mois, du mois d'octobre au mois de février; pendant les mois de décembre et de janvier, le prix des pommes augmente et il est parfois difficile de s'en procurer de bonne qualité.

Ce brassage, dirigé par un ouvrier du dehors, occupe une douzaine d'aliénés, choisis parmi nos meilleurs travailleurs, qui pourraient utilement être employés à d'autres travaux.

La nouvelle brasserie sera installée dans les meilleures conditions et permettra de fabriquer en un mois tout le cidre nécessaire à l'asile. Les broyeurs seront mus par la roue du moulin, et le cidre, recueilli dans deux citernes, sera refoulé par une pompe dans les tonneaux de notre cave, par des conduites souterraines.

Pour utiliser la force motrice de notre chute d'eau, la brasserie sera construite sur l'emplacement actuel de l'abattoir prolongé jusqu'à la clôture de la ferme. Sa longueur sera de 22 mètres, sa largeur de 0^m40 et sa hauteur de 3^m50. Elle sera surmontée d'un grenier d'une hauteur de 2^m30 qui pourra loger facilement, en une seule fois, toutes les pommes nécessaires à la fabrication de la boisson, environ 3,800 hectolitres.

L'économie produite par ce brassage rapide, par la possibilité de recevoir en une seule fois toutes les pommes, sera bien supérieure à l'intérêt de l'argent employé à la construction de cette nouvelle brasserie.

Au mois d'octobre 1884, les pommes valaient au plus 60 fr. les 1,000 kilog.; j'en ai même acheté 13,000 kilog. à 57 fr. 70 c., tandis qu'il a fallu payer 85 fr. les 180,000 autres kilog. dont nous avions encore besoin, parce que le fournisseur était tenu de ne faire ses livraisons qu'au fur et à mesure de notre fabrication et de ne pas les terminer avant le 15 janvier.

Les défectuosités de notre brassage actuel ont donc coûté à l'asile au moins 4,500 fr. rien que pour le prix des pommes, sans compter le travail des aliénés employés à ce brassage pendant quatre mois, les suppléments de nourriture accordés à ces aliénés et les frais du brasseur.

Construction d'un abattoir............ 6,615 55

Ce nouvel abattoir, destiné à remplacer celui qui existe actuellement et dans lequel sera établie la brasserie de cidre, aura 8 mètres de longueur sur 5 mètres de largeur et 3^{m}50 de hauteur; il sera bâti en briques ferrées et repressées avec joints en ciment et aura une charpente en fer.

Il sera construit à l'extrémité est de la cour de la ferme, sur le bord du gord, et sera beaucoup mieux placé dans cet endroit, au-dessous de la vanne du moulin, que l'abattoir actuel qui est au-dessus de cette vanne, près de la prise d'eau des béliers qui est souillée par l'échaudage des issues.

Construction d'un atelier de menuiserie, d'un atelier de charronnage, avec magasins pour ces ateliers et pour celui de peinture.................... 34,200 02

L'asile ne possède pas d'atelier de charronnage, et l'atelier actuel de menuiserie est beaucoup trop petit pour contenir tous les aliénés de ce corps d'état.

Il n'y a pas de magasins pour loger le bois qui est disséminé dans toutes les parties de l'établissement.

Les fournitures de peinture sont entassées les unes sur

les autres dans un petit recoin de la 2ᵉ division des hommes, au-dessous de l'escalier.

La construction projetée a pour but de remédier à tous ces desiderata. Elle prolongera l'aile principale de l'asile du côté ouest et aura une longueur de 20 mètres.

Les murs seront bâtis sur le même modèle que ceux des bâtiments actuels, mais, pour prévenir les dangers d'un incendie, les planchers et la charpente seront en fer. Ce bâtiment aura une cave destinée à loger les fournitures de peinture, un rez-de-chaussée qui servira à la fois d'atelier de charronnage et de magasin de bois, et un premier étage qui sera affecté à l'atelier de menuiserie.

Les recettes étant de.	108,725 50
Les dépenses de.	101,086 05
L'excédant des recettes du budget supplémentaire est de.	6,739 45

Budget primitif de 1886.

RECETTES ORDINAIRES EN ARGENT

Elles s'élèvent à 442,052 50

Elles sont inférieures de 3,453 fr. 70 c. à celles de l'exercice de 1884.

La diminution tient à ce que l'année 1884 était bissextile et à ce que j'ai prévu un nombre d'aliénés un peu moindre que la moyenne de l'exercice écoulé pour les indigents de l'Eure et ceux de la Seine.

Le chiffre prévu pour les premiers est de 530 et pour les seconds de 100.

La moyenne des indigents de l'Eure a été de 536 en

1884, et il est à craindre que le chiffre de 530, prévu pour 1886, ne soit dépassé.

L'encombrement de l'asile dans les sections des agités, des épileptiques et des malpropres, ne permet pas malheureusement de recevoir un plus grand nombre de malades de la Seine.

Le tableau suivant donne le détail comparatif des recettes prévues pour 1886 et des résultats de l'exercice 1884.

Numéros des articles.	NATURE DES RECETTES.	COMPTE de 1884.	BUDGET de 1886.
1	Intérêts des fonds placés au Trésor...	2.236 47	2.500 »
2	Aliénés au compte du { de l'Eure....	249.913 80	246.283 75
3	département { de la Seine..	93.014 75	92.071 25
4	Aliénés d'autres départements, des pays étrangers et de l'État.............	20.719 70	22.228 50
5	Hors-classe..	1.322 40	» »
6	Aliénés au compte des { 1re classe....	3.477 »	4.161 »
7	2e classe.....	11.528 »	10.220 »
8	familles { 3e classe.....	16.278 60	16.183 »
9	4e classe.....	32.365 45	31.755 »
10	Domestiques au compte des familles.	411 75	500 »
11	Produit de la vente des os et objets hors de service.................	1.030 50	1.100 »
12	Montant de la vente des produits excédant les besoins de l'asile.........	473 »	500 »
13	Recettes accidentelles..............	11.777 11	12.000 »
14	Remboursement par les familles de dépenses excédant le prix de pension ou autres.................	» »	» »
15	Remboursement de frais de transfèrement d'aliénés	813 »	2.000 »
16	Trop perçu pour mois payés d'avance.	144 20	600 »
	Total.............	445.506 20	442.052 50

Je ne pense pas qu'il y ait lieu de proposer des modifications aux prix de journées suivants adoptés pour 1885 par le Conseil général.

		HOMMES.	FEMMES.
Indigents....	de l'Eure et de l'État............	1 30	1 25
	de la Seine.................	1 35	1 30
	d'autres départements et des pays étrangers	1 50	1 50
Pensionnaires	de classe exceptionnelle..........	8 70	8 70
	de 1re classe................	5 70	5 70
	de 2e classe................	4 »	4 »
	de 3e classe................	2 60	2 60
	de 4e classe................	1 45	1 45

Ces prix de pension sont suffisamment rémunérateurs sans être exagérés.

Le chiffre des indigents prévu de l'Eure, de l'État, de la Seine, des autres départements et des pays étrangers est de 761 et celui des aliénés pensionnaires de 86. Total, 847.

DÉPENSES ORDINAIRES EN ARGENT

Elles s'élèvent à.................... 436,080 01

En y ajoutant l'annuité de........... 5,962 50

qui reste à payer par l'asile au département pour se libérer envers lui, le total des dépenses prévu est de.................... 442,052 50

égal à celui des recettes.

Le tableau suivant établit la comparaison des dépenses ordinaires entre le budget primitif de 1885 et le budget primitif de 1886.

Numéros des articles	NATURE DES DÉPENSES	BUDGET de 1885		BUDGET de 1886.	
1	Traitement du directeur	8,000	»	8,000	»
2	— du receveur-économe......	3,000	»	3,000	»
3	— des employés de l'administration...............	7,100	»	6,700	»
4	— des fonctionnaires et employés du service médical	5,100	»	5,600	»
5	— de l'aumônier	1,500	»	1,500	»
6	Vestiaire des sœurs...............	4,400	»	4,400	»
7	Solde des préposés et servants	31,000	»	31,350	»
8	Frais de culte...................	300	»	300	»
9	Frais de sépulture..................	360	»	360	»
10	Frais d'administration, de bureau, d'impressions, etc	2,900	»	3,000	»
11	Contributions...............	100	»	100	»
12	Blé...................	66,000	»	63,000	»
13	Viande...................	80,000	»	75,000	»
14	Vin, pommes............	32,000	»	26,000	»
15	Comestibles	44,000	»	44,000	»
16	Dépense de pharmacie	2,100	»	2,100	»
17	Tabac...................	2,800	»	2,800	»
18	Lingerie et vêture.............	34,000	»	36,000	»
19	Dépenses du coucher	14,000	»	17,000	»
20	Entretien et renouvellement des meubles et ustensiles...............	18,000	»	18,000	»
21	Blanchissage...............	7,500	»	8,000	»
22	Chauffage...............	10,000	»	19,000	»
23	Eclairage	3,200	»	3,200	»
24	Entretien des bâtiments et murs	21,000	»	24,000	»
25	Entretien des propriétés (frais de cultᵐ)	8,000	»	10,000	»
26	Gratifications aux travailleurs........	8,000	»	8,000	»
27	Fourrage et litière................	6,000	»	6,000	»
28	Dépenses imprévues............	5,465	»	7,079	91
29	Restitution de trop perçu...........	600	»	600	»
30	Fournitures aux familles en dehors des prix de pension....	»	»	»	»
31	Frais de transfèrement d'aliénés......	2,000	»	2,000	»
	Total	440,425	»	436,089	91

Le traitement du directeur-médecin en chef, du receveur-économe, de l'aumônier et des sœurs reste le même.
Celui des employés de l'administration est diminué de
400 fr., parce que le dépensier actuel est logé à l'asile, et
qu'il est nourri complètement par l'établissement..

Celui du médecin-adjoint, compris à l'art. 4, est augmenté de 500 fr., ce fonctionnaire ayant été élevé à la
1re classe de son grade.

Art. 7. — Solde des préposés et servants.

Cet article comprend une augmentation de 350 fr. sur
les prévisions de 1885, pour permettre d'avoir une infir-
mière en plus, chargée de la direction du repassage. Cet
emploi était tenu précédemment par une aliénée, qui est
sortie pour cause de guérison.

Les frais de sépulture, de contributions, de comestibles,
de pharmacie, de tabac, de mobilier, de chauffage,
d'éclairage, d'entretien des bâtiments et murs, de gratifications aux travailleurs, de fourrage et litière, de restitution de trop perçu, de frais de transfèrement d'aliénés,
sont les mêmes que ceux du budget de 1885.

Les crédits : blé, viande, vin et pommes, sont un peu
moins élevés, les prix des denrées auxquelles ces crédits
sont affectés étant plus bas aujourd'hui qu'ils ne l'étaient
l'année dernière, lors de la formation du budget de 1885.
En outre, la nouvelle porcherie permettra l'engraissement
d'un plus grand nombre de porcs, et la quantité de viande
de boucherie dépensée sera moins considérable.

Le crédit frais d'administration est augmenté de 100
francs, celui de la lingerie de 2,000 fr., celui du coucher
de 3,000 fr., celui du blanchissage de 500 fr., celui des
frais de culture de 2,000 fr.

La lingerie suffit difficilement à tous les besoins de
l'asile, et un grand nombre de matelas ont besoin d'être
refaits.

Le crédit blanchissage est augmenté de 500 fr., afin de pouvoir acheter une certaine quantité de savon d'avance et de le laisser sécher avant de l'employer. Quand il est frais, la consommation en est beaucoup plus grande.

L'augmentation de 2,000 fr. sur les frais de culture tient à l'achat d'un plus grand nombre de jeunes porcs.

Revenus en nature......... 74,000 »
Produit du travail des aliénés. 42,000 »

Ces crédits, basés sur les droits constatés de l'exercice 1884, sont portés pour les mêmes sommes en recettes et n'influent pas, par conséquent, sur les résultats du budget.

Veuillez agréer, Monsieur le Préfet, l'hommage de mon profond respect.

Asile d'Evreux, le 23 juin 1885.

Le Directeur-Médecin en chef,

DANIEL BRUNET.

Evreux. — Ernest Quettier, Imprimeur, rue Chartraine, n° 37.

EXTRAIT DU RAPPORT

DE M. LE DIRECTEUR-MÉDECIN EN CHEF

De l'Asile public d'Aliénés d'Evreux

MONSIEUR LE PRÉFET,

J'ai l'honneur de vous adresser un extrait de mon rapport annuel sur l'asile public d'aliénés d'Evreux.

Compte médical de 1888.

Nous examinerons successivement, comme les années précédentes, les admissions, les sorties et les décès qui ont eu lieu pendant l'année 1888.

Le 1er janvier 1888, l'asile contenait 855 aliénés.

Le nombre des admissions ayant été, pendant l'année, de 171, le total des malades traités s'est élevé à 1,026. En 1887, ce chiffre n'avait été que de 984; nous avons eu, par conséquent, cette année, une augmentation de 42 aliénés.

La moyenne quotidienne de la population a été de 844.

Nous avons perdu, par décès, 74 aliénés et le nombre des sorties a été de 70. Nous avions donc, au 31 décembre, 882 malades, soit 27 de plus qu'au commencement de l'année.

Les 855 aliénés présents au 1er janvier comprenaient 105 pensionnaires et 750 indigents de divers départements, dont 548 au compte de l'Eure.

Le tableau suivant indique la forme d'aliénation mentale dont ces malades étaient atteints :

	Hommes.	Femmes.	2 sexes.
Folie simple.................	84	52	136
Paralysie générale...........	19	6	25
Démence et folie épileptiques..	17	21	38
Démence consécutive aux diverses formes de folie..........	186	238	424
Démence sénile.............	»	2	2
Démence organique..........	3	»	3
Idiotie et imbécillité simples...	102	93	195
Idiotie et imbécillité épileptiques	11	21	32
	422	433	855

Ainsi composée, la population comportait 719 aliénés incurables et 136 malades atteints de folie simple, seule forme d'aliénation mentale dont l'issue peut être favorable, lorsque son début ne remonte pas à une époque trop reculée.

Il est, en effet, démontré que, passé deux ans, elle tend à devenir chronique et que, dès lors, elle n'offre plus que des chances très-improbables de guérison; le plus grand nombre de ces 136 aliénés était malheureusement dans ce cas.

Admissions. — Les 171 malades admis en 1888 comprennent 88 admissions pour la première fois dans un asile, 12 rechutes, 17 réintégrations par suite de sortie avant guérison et 54 transfèrements d'autres établissements d'aliénés.

Les admissions pour la première fois présentaient 43 cas de folie simple, 18 cas de démence, 18 de paralysie générale, 1 de folie épileptique et 8 d'idiotie simple.

Des 12 aliénés qui ont rechuté, 8 rentraient pour la

deuxième fois, 3 étaient repris d'un troisième accès de folie et 1 était l'objet d'une quatrième réintégration.

Ces malades, à l'exception d'un, avaient été traités antérieurement à l'asile d'Evreux.

Parmi les 54 malades transférés de divers établissements d'aliénés, 12 venaient de Gaillon, 35 des asiles de la Seine, 4 de l'Oise, d'Ille-et-Vilaine, du Calvados, de la Manche, 2 de la Seine-Inférieure et 1 d'un asile privé de Paris.

Les 83 aliénés rechutés, réintégrés ou transférés étaient atteints : 65 de folie simple, 7 de paralysie générale, 1 de démence épileptique, 10 d'idiotie.

Admissions de 1869 *à* 1888. — Depuis le 1er août 1866, date de son ouverture, l'asile a reçu 4,209 aliénés.

En 1866, 1867 et 1868, le département de l'Eure a fait conduire à l'établissement les aliénés dont il avait la charge et qu'il entretenait dans diverses maisons. Le mouvement des admissions, pendant ces premières années, ayant été anormal, on ne peut se rendre un compte exact qu'à partir de 1869.

Le tableau suivant donne ce détail par année, par sexe et par catégorie de malades :

| | PENSIONNAIRES | | | INDIGENTS | | | | | | TOTAL des Pensionnaires et des Indigents. | | TOTAL général. |
| | | | | EURE | | | Autres Départements et État. | | | | | |
	H.	F.	D.S.	H.	F.	D. S.	H.	F.	D. S.	H.	F.	
1869........	17	20	37	22	45	67	10	3	13	49	68	117
1870........	23	21	44	46	43	89	215	95	310	284	159	443
1871........	19	11	30	36	39	75	46	58	104	101	108	209
1872........	19	25	44	44	42	86	24	33	57	87	100	187
1873........	29	23	52	49	49	98	17	37	54	95	109	204
1874........	18	25	43	66	39	105	5	2	7	89	66	155
1875........	16	20	36	52	55	107	46	27	73	114	102	216
1876........	28	23	51	67	33	100	27	19	46	122	75	197
1877........	18	22	40	52	48	100	9	11	20	79	81	160
1878........	28	22	50	56	50	106	13	8	21	97	80	177
1879........	23	25	48	47	38	85	47	10	57	117	73	190
1880........	23	33	56	49	43	92	15	1	26	87	77	164
1881........	25	23	48	43	44	87	19	2	21	87	69	156
1882........	24	19	43	31	36	67	29	4	33	84	59	143
1883........	23	28	51	32	49	81	37	3	40	92	80	172
1884........	16	20	36	35	41	76	22	3	25	73	64	137
1885........	14	25	39	42	34	76	23	2	25	79	61	140
1886........	22	23	45	39	23	62	9	3	12	70	49	119
1887........	22	31	53	33	26	59	17	1	18	72	58	130
1888........	31	17	48	30	37	67	18	38	56	79	92	171
Totaux...........	438	456	894	871	814	1.685	648	360	1.008	1.957	1.630	3.587
Moyenne des admissions de 1869 à 1888............	22	23	45	43	41	84	32	18	50	98	81	179

Du 1er janvier 1869 au 31 décembre 1888, il a été admis à l'asile 1,685 indigents de l'Eure, 894 pensionnaires et 1,008 aliénés étrangers au département.

Les admissions d'indigents de l'Eure ont oscillé entre un minimum de 59 en 1887, et un maximum de 107 en 1875.

Le nombre de ces admissions a été de 67 en 1888.

Le chiffre des pensionnaires admis dans l'année a été de 48, il a diminué de 5 sur l'année précédente.

La moyenne annuelle des entrées de cette catégorie a été de 45 en 20 ans.

Les admissions d'aliénés étrangers, étant subordonnées

aux places vacantes; ne prêtent à aucune considération statistique.

Nous avons reçu, en 1888, un convoi de 34 femmes de la Seine.

Le total réuni des entrées de pensionnaires et d'indigents de l'Eure, indiqué dans le tableau ci-dessus, est de 2,579. Les deux sexes y sont représentés en nombre à peu près égal, le chiffre des hommes ne l'emportant sur celui des femmes que de 39.

Ainsi que je l'ai fait remarquer dans mes deux derniers rapports, les cas d'aliénation mentale, loin d'augmenter, comme on le croit généralement, sont, au contraire, en diminution dans le département de l'Eure. Rien ne peut mieux démontrer ce fait que les chiffres suivants.

Les admissions de pensionnaires et d'indigents du département, qui avaient été de 1,360 du 1er janvier 1860 au 31 décembre 1878, se sont abaissées à 1,219 du 1er janvier 1870 au 31 décembre 1888.

L'augmentation de ces aliénés à l'asile tient à ce que les admissions, bien qu'ayant diminué, sont encore plus élevées que le total des sorties et des décès. La mortalité est très-faible depuis 0 ans, et le chiffre peu considérable des sorties tient à ce que nous recevons beaucoup d'idiots, d'épileptiques et de déments qui sont complètement incurables, et qui passent de longues années à l'établissement.

L'aliénation mentale est plus fréquente dans les arrondissements de Louviers et d'Evreux que dans les trois autres arrondissements, où l'activité industrielle est moins grande.

Pendant ces trois dernières années, nous avons reçu de l'arrondissement de Louviers 48 aliénés et 88 de celui d'Evreux; la proportion pour 10,000 habitants a été, dans le premier arrondissement, de 7,97 et de 7,79 dans le second.

L'arrondissement de Pont-Audemer nous a envoyé,

pendant ce même laps de temps, 31 malades, celui de Bernay, 29, et celui des Andelys, 24. La proportion a été, dans celui de Pont-Audemer, de 4,70, dans celui de Bernay, de 4,69, et dans celui des Andelys, de 4,12 seulement, ce qui tient à ce que ce dernier arrondissement est spécialement agricole.

Causes d'aliénation mentale. — 13 hommes et 3 femmes avaient commis des excès alcooliques, 2 hommes des excès de tout genre ; 1 paralytique général avait eu la syphilis ; 2 femmes étaient devenues aliénées, une à la suite d'un accouchement laborieux, et l'autre à la suite d'une fièvre typhoïde grave ; un idiot devait son infériorité mentale à l'hydrocéphalie : un homme et une femme étaient atteints de démence sénile.

20 cas de folie reconnaissaient pour causes des peines morales, chagrins, contrariétés, frayeur, revers de fortune.

17 malades étaient prédisposés à l'aliénation mentale par des antécédents héréditaires. 3 hommes et 9 femmes étaient issus d'une mère aliénée, une jeune fille d'un grand-père dément, une femme d'un père épileptique.

La nommée G..., atteinte d'idiotie, est venue rejoindre à l'asile sa mère, placée ici, depuis 15 ans, pour cause d'imbécillité ; 3 malades avaient eu des frères ou des sœurs aliénés ; 2 hommes et 2 femmes comptaient, dans leur famille, mais à un degré plus éloigné, des parents affectés d'aliénation mentale.

Sorties. — 9 hommes et 10 femmes ont recouvré la raison et ont été remis en liberté.

17 malades atteints de folie simple sont sortis par suite d'amélioration, 2 femmes atteintes de démence, qui avaient présenté de l'agitation au moment de leur entrée, étaient redevenues suffisamment calmes pour pouvoir vivre au

dehors, sous la surveillance de leurs maris; 2 faibles d'esprit, dont l'intelligence s'était un peu développée, ont été rendus à leurs parents.

23 aliénés ont été transférés dans les asiles des départements où ils avaient leur domicile de secours.

1 homme s'est évadé et n'a pas été réintégré.

Malgré l'insuffisance de clôture de l'asile, les évasions sont assez rares. Il s'en est produit 10 dans les cinq dernières années.

7 aliénés, dont l'état mental ne s'était pas amendé, ont été retirés par leurs familles.

A l'exception d'une femme, atteinte de folie simple, ils étaient, d'ailleurs, incurables.

Guérisons. — Les aliénés qui ont guéri comprenaient 7 pensionnaires et 12 indigents, dont 10 de l'Eure, 1 de Saône-et-Loire et 1 de la Seine. Tous étaient atteints de folie simple au moment de leur admission.

Durée du traitement des aliénés guéris. — La guérison la plus rapide a été celle d'un homme, âgé de 47 ans, dont l'accès de manie aiguë s'est terminé en 26 jours.

Un aliéné, venant du quartier de Gaillon, était très-amélioré quand il est entré, et nous avons pu le laisser sortir au bout d'un mois.

2 cas de folie alcoolique ont guéri, l'un en 2 mois et demi, l'autre en 3 mois et 28 jours.

4 guérisons se sont produites entre 6 mois et 1 an.

Exceptionnellement, un aliéné a été renvoyé après un séjour de plus de 3 ans. Cet homme, ancien débitant adonné à la boisson, allait bien depuis quelques mois, mais en raison de ses antécédents alcooliques, et des actes dangereux auxquels il s'était livré au dehors, nous lui avons fait subir un traitement prolongé. Il est, nous croyons, nécessaire de maintenir, le plus longtemps possible, à l'asile les alcooliques invétérés pour tâcher de les déshabituer de leurs penchants dypsomaniaques, car ce sont toujours ces individus qui offrent les plus fréquentes récidives.

Traitement de l'aliénation mentale. — Les cas de guérisons obtenues dans l'année se sont répartis entre trois formes de folie simple : la manie aiguë, la folie alcoolique, la lypémanie.

Nous traitons la première de ces affections par les sédatifs, l'hydrate de chloral à la dose de 4 à 6 grammes, les bains prolongés, la diète lactée, l'isolement en cellule.

Chez les jeunes sujets, l'emploi exclusif des bains d'une durée de deux heures, renouvelés deux fois par jour, amène promptement une détente des symptômes d'excitation.

La folie alcoolique, quand elle est légère, cède assez vite sous l'influence du régime de la privation des liqueurs spiritueuses, des purgatifs quotidiens ; quand elle résulte d'excès anciens et qu'elle s'accompagne d'agitation et d'hallucinations de l'ouïe, je joins aux purgatifs les bains et les préparations opiacées.

Les moyens thérapeutiques qui réussissent le mieux contre la lypémanie sont les excitants, l'extrait d'opium, les bains sulfureux, les toniques, le fer, le quinquina, l'arsenic. La lypémanie avec stupeur est efficacement combattue par l'hydrothérapie, sous forme de douches froides en cercle ou en jet, administrées matin et soir.

Parmi les formes d'aliénation mentale incurables, il en est un petit nombre qui sont cependant susceptibles d'une certaine amélioration, sous l'influence d'un traitement approprié ; telles sont l'épilepsie, la manie intermittente, l'imbécillité, quelques cas de paralysie générale.

Nous obtenons chez les épileptiques des résultats incontestables par l'emploi du bromure de potassium qui, pris à la dose de 4 à 10 grammes par jour, diminue le nombre des attaques, calme l'irritabilité nerveuse de ces malades et prévient le retour des crises de folie furieuse auxquelles ils sont fréquemment sujets.

Ce même médicament est très-utile dans la manie intermittente. Il manifeste ses effets en éloignant les accès d'agitation et en les rendant moins intenses quand ils se reproduisent. Cette forme de folie simple est la seule dans laquelle le bromure ait une action bien démontrée.

Elle se rapproche de l'épilepsie par son intermittence, par la violence des actes pendant les accès, leur soudaineté et leur irrésistibilité par l'irascibilité du caractère et par la lucidité complète dans l'intervalle des accès. Les aliénés qui en sont atteints ne cessent, lorsqu'ils sont pris d'agitation, de se livrer aux actes les plus désordonnés, aux récriminations les plus injurieuses contre toutes les personnes avec lesquelles ils se trouvent en contact. Cette manie intermittente, qu'on pourrait appeler épilepsie larvée, est peut-être due à des attaques comitiales nocturnes assez légères pour passer inaperçues.

Certains imbéciles, dont l'infériorité intellectuelle n'est pas trop accentuée, s'améliorent, grâce à un traitement moral qui vise à développer leurs facultés, à refréner leurs mauvais instincts, à leur donner de l'instruction et à leur faire apprendre un métier manuel.

La paralysie générale, quand elle affecte la forme expansive avec excitation générale, et qu'elle n'est pas à une période trop éloignée de son début, est traitée par le tartre stibié administré en potion à la dose de 0 gr. 30 à 1 gramme, auquel je fais succéder, quand il n'est pas toléré, le bromure de potassium dont je prescris jusqu'à 30 et 40 grammes par jour.

Il est quelquefois possible d'obtenir avec cette médication, non-seulement des rémissions, mais même des guérisons assez fréquentes.

Je ne m'étendrai pas sur les autres affections mentales, telles que l'idiotie et la démence, desquelles il n'y a rien à espérer et qui ne sont justiciables que de soins hygiéniques.

Les moyens de traitement que je viens de passer en revue seraient bien incomplets, s'ils n'étaient pas secondés par un élément de la plus haute importance, le travail. L'expérience démontre que rien ne peut mieux qu'une occupation suivie achever la guérison des aliénés curables, régulariser ceux dont l'affection mentale est au-dessus de toute ressource, entretenir leur santé physique, leur permettre de dépenser utilement leur activité et faire diversion à leurs idées délirantes.

Citons encore, pour compléter l'énumération des principaux agents thérapeutiques qui sont en notre pouvoir, les distractions, la musique, les concerts, les promenades au dehors.

Les méthodes de force, les manchons, les entraves sont restreints aux cas où il y a obligation absolue. Tous nos efforts tendent à ne les employer que le plus rarement possible.

La camisole n'est plus en usage dans la division des hommes en aucune circonstance; nous sommes obligés de l'appliquer encore à quelques femmes dont l'agitation est excessive, et qu'aucun autre moyen de contrainte ne peut suffisamment maintenir.

Décès. — La mortalité a été de 8,77 % par rapport à la population moyenne de l'année, et de 7,21 par rapport au nombre des aliénés traités.

Les aliénés qui sont décédés étaient atteints : 16 de folie simple, 32 de démence, 16 de paralysie générale, 5 de folie épileptique, 4 d'idiotie simple, 1 d'idiotie épileptique. Ils comprenaient 51 indigents et 23 pensionnaires.

. La mortalité a été, pendant les 14 premières années de l'asile, de 14,36 % par rapport à la population moyenne, tandis qu'elle s'est abaissée, pendant les 9 dernières années, à 8 %, par suite de l'amélioration de toutes les conditions hygiéniques.

Par rapport au nombre d'aliénés traités, elle a été, pendant la première période, de 11,17 % et de 6,83 seulement pendant la seconde.

Dans la folie simple, la mort survient à tout âge; elle résulte ordinairement d'une affection incidente, et n'est que dans un petit nombre de cas la conséquence de la maladie mentale elle-même.

La paralysie générale produite par une péricérébrite parcourt rapidement son évolution et entraîne la mort dans un laps de temps qui ne dépasse pas ordinairement un ou deux ans. Les malades qui y succombent sont presque toujours dans la force de l'âge, et l'on ne trouve plus guère après 58 ans de décès causés par elle.

La démence est plus spécialement réservée à la vieillesse. 21 des aliénés atteints de cette affection avaient dépassé 60 ans au moment de leur mort. Les plus âgés étaient 1 homme de 80 ans et 3 femmes de 83, 84 et 88 ans.

Les épileptiques exposés tous les jours à une mort subite, pendant leurs attaques convulsives, ne parviennent pas, en général, à un âge avancé.

Notre sujet le plus jeune a été emporté de cette façon; il avait à peine 14 ans.

Les idiots présentent souvent des malformations physiques accompagnées d'une faiblesse de leur constitution, qui les rend moins aptes que les autres aliénés à résister aux maladies contagieuses, et un certain nombre d'entre eux succombent à la phthisie pulmonaire.

Durée du traitement des aliénés décédés. — Un homme, atteint de paralysie générale à la dernière période, qui nous a été amené dans un état d'affaiblissement profond, est mort 2 jours après son entrée.

31 décès se sont produits pendant la première année de l'admission, et cette mortalité qui, à première vue, paraît très-élevée pour un temps si court, s'explique par ce fait que 14 de ces morts ont été dues à la péricérébrite et 1 à la variole.

La durée du séjour à l'asile a été, pour 11 malades, de 1 à 5 ans. Le chiffre des individus décédés après plus de 5 ans a été de 32. Deux femmes se trouvaient ici depuis 18 et 20 ans, un homme depuis 21 ans.

Causes des décès. — Les causes de la mort, établies d'après l'autopsie que nous pratiquons après chaque décès, sont indiquées dans le tableau suivant :

	H.	F.	D. S.
Congestion cérébrale....	2	1	3
Hémorrhagie cérébrale	»	4	4
Ramollissement cérébral	»	5	5
Paralysie générale	13	1	14
Epilepsie	2	»	2
Congestion pulmonaire	3	3	6
Pleurésie	1	1	2
Pneumonie	3	4	7
Bronchite chronique	»	1	1
Phthisie pulmonaire	1	4	5
Affections du cœur	»	4	4
Variole	»	7	7
Cancer de l'estomac	1	1	2
Péritonite	»	2	2
Cancer du rein	1	»	1
Kyste de l'ovaire	»	1	1
Cancer de l'utérus	»	1	1
Syncope	»	1	1
Débilité sénile	2	4	6
Totaux	29	45	74

Des 28 aliénés qui ont succombé à des affections de

l'encéphale, 14 étaient atteints de paralysie générale,
4 morts ont été consécutives à des foyers hémorrhagiques des ventricules latéraux, 2 épileptiques ont été emportés subitement dans une attaque.

Parmi les affections de l'appareil respiratoire que nous avons eues à soigner pendant l'hiver rigoureux de 1888, la pneumonie a été particulièrement meurtrière. Cette maladie, qui était autrefois très-rare à l'asile, sévit depuis l'année dernière sur notre population, dans des proportions inconnues jusqu'alors, ce qui témoigne bien de sa nature contagieuse et microbienne.

Les cardiopathies ont occasionné moins de décès que d'habitude.

2 hommes et 2 femmes ont succombé à des cancers, une femme aux désordres organiques provoqués par un volumineux kyste de l'ovaire.

6 aliénés sont morts de vieillesse.

Ainsi que nous l'avons mentionné plus haut, l'établissement a eu, cette année, à subir une épidémie de variole qui a beaucoup contribué à élever le chiffre de notre mortalité.

Cette épidémie a été importée à l'asile par la femme G..., de la commune de V..., admise ici le 19 janvier.

Atteinte de manie aiguë et très-agitée au moment de son entrée, cette malade avait été placée dans une cellule. Quelques jours après son admission, nous observâmes qu'elle était en proie à une forte fièvre, dont la nature ne put être déterminée tout d'abord, la malade étant incapable, en raison de son état mental troublé, de nous donner le moindre renseignement sur ce qu'elle éprouvait. L'accélération du pouls et l'augmentation de la température étaient, à ce moment, les seuls symptômes qu'elle présentait. On la transporta à l'infirmerie.

Le surlendemain, nous constations qu'elle était couverte d'une éruption de variole, qui avait commencé dans la nuit et qui s'étalait sur toute la surface du corps. Elle fut aussitôt isolée dans une chambre, et nous fîmes immédiatement évacuer l'infirmerie. Malgré cette précaution, le germe infectieux de la variole s'était diffusé et successivement, dans l'espace de trois semaines, 19 femmes furent contaminées.

L'un des deux internes, M. Daguet, l'avait contractée dès les premiers jours, en soignant les malades ; il s'en est heureusement tiré sans complication.

Sur ces 20 cas, 10 ont été essentiellement graves et ont affecté, 9 la forme confluente et 1 la forme hémorrhagique ; ce dernier s'est produit chez une femme agitée qui avait couché dans la cellule laissée vacante par la nommée G..., le soir même du jour où celle-ci avait été passée à l'infirmerie, n'ayant pas encore d'éruption.

Les autres cas ont été relativement bénins.

Des 10 qui présentaient la forme grave, 7 ont été suivis de mort et 3 ont guéri.

Les varioles discrètes ont eu toutes une terminaison favorable. Nous avons ainsi eu une proportion de mortalité de 35 % et de 65 % de guérisons.

Grâce à l'isolement absolu des varioleux et aux vaccinations que nous avons pratiquées, dès l'apparition de la maladie, celle-ci s'est cantonnée dans la division des femmes, et aucun homme n'en a été atteint. Nous avons vacciné tout le personnel de l'établissement et tous nos aliénés, sans exception.

Les procédés de vaccination que nous avons employés ont été de trois sortes : vaccination par du cow-pox desséché provenant du commerce, vaccination de bras à bras et vaccination animale au moyen de génisses achetées spécialement dans ce but, inoculées par nous avec du cow-pox.

Les malades chez lesquels une première opération n'avait produit aucun effet ont été revaccinés deux et trois fois. Les résultats obtenus, très-satisfaisants, ont été de 561 succès sur une population de 836 aliénés, soit une proportion de 67 réussites pour 100.

Dans les premiers jours de mars, l'épidémie avait complètement cessé et, depuis cette époque, malgré la persistance de cas de variole dans les villages environnants, nous n'en avons plus observé un seul dans l'établissement.

M. Féré, médecin de l'hospice de Bicêtre, a soutenu, dans la séance de la société de biologie du 10 mai de cette année, que la phthisie pulmonaire était très-fréquente dans l'épilepsie, et que cette fréquence était due à un état parétique des muscles du thorax.

Nous n'observons pas cette fréquence dans notre asile, et, si elle existe à Bicêtre, cela ne peut tenir qu'à de mauvaises conditions hygiéniques dans lesquelles se trouveraient placés les épileptiques de cet hospice. La phthisie étant contagieuse, pour en prévenir le développement, il importe d'isoler complètement les malades qui en sont atteints.

Tableau résumant le mouvement de la population dans tous ses détails.

MOUVEMENT DE LA POPULATION en 1888.	INDIGENTS										PENSIONNAIRES													TOTAL des pensionnaires et des indigents.		TOTAL GÉNÉRAL.
	Eure.		Seine.		Seine-et-Oise.		Autres départements.		TOTAL des indigents.		Ministère de l'Intérieur.	Nationalité étrangère.	Domiciles indéterminés.	1re classe.		2e classe.		3e classe.		4e classe.		TOTAL des pensionnaires.				
	H.	F.	H.	F.	H.	F.	H.	F.	H.	F.				H.	F.	H.	F.	H.	F.	H.	F.	H.	F.	H.	F.	
Existants le 31 décembre 1887	265	283	93	69	15	10	6	»	5	2	»	2	»	388	362	3	»	8	6	13	25	50	34	71	422	433	855
Admis pour la première fois	26	22	2	1	»	»	1	2	»	1	»	1	»	30	27	1	»	1	1	20	9	22	11	52	36	88
Rechutés	2	5	»	»	»	»	»	2	»	1	»	»	»	2	6	»	»	1	2	2	4	8	12
Réintégrés par suite de sortie avant guérison	»	5	3	34	»	»	2	4	»	»	»	»	2	5	»	»	»	6	4	8	9	17
Transférés d'un autre asile	2	5	»	»	»	»	1	8	5	»	»	»	14	39	1	»	1	1	»	1	15	39	54
Total des aliénés entrés	30	37	5	35	»	1	8	»	7	1	»	1	»	48	75	2	»	1	2	27	15	31	17	79	92	171
Total des aliénés traités	295	320	98	104	15	11	14	»	10	1	2	1	2	436	437	6	»	8	14	52	65	65	88	701	525	1026
Mutations de classe																										
1 indigente de l'Eure passée aux autres départ.	»	»	»	»	»	»	»	1	»	»	»	»	»	»	»	»	»	»	»	»	1	»	1
1 indigent de nationalité étrangère passé au compte du ministère de l'Intérieur	»	»	»	»	»	»	»	1	»	»	»	1	»	»	»	»	»	»	»	1	»	1
2 indigents à domiciles indéterminés passés au compte du ministère de l'Intérieur	»	»	»	»	»	»	»	2	»	»	»	2	»	»	»	»	»	»	»	2	»	2
1 pensionnaire de 1re classe passé en 3e classe	»	»	»	»	»	»	»	»	»	»	1	»	1	»	»	1	»	1
14 pensionnnres de 4e classe passés { 1 en 3e classe / 13 à l'Eure	6	7	»	»	»	»	»	»	6	7	»	»	»	2	»	1	»	6	»	7	13
Total des mutations de classe	6	7	»	»	»	»	»	1	3	»	»	2	»	9	8	»	»	2	»	11	8	19
Total des aliénés traités et des mutations de classe	301	327	98	104	15	11	14	1	13	1	2	1	2	445	445	5	»	8	14	52	65	67	8	712	533	1045
Sorties																										
Guéris	5	5	1	»	»	»	»	»	7	5	»	1	2	»	4	»	6	9	10	19
Améliorés	4	9	»	»	»	»	»	»	4	9	1	»	3	1	3	2	6	6	15	21
Évadés	»	»	»	»	»	»	1	»	1	»	»	»	»	»	»	»	1	»	1
Transférés	»	»	»	6	»	»	»	8	20	2	»	»	3	1	4	»	20	3	23
Réclamés par leurs familles, etc.	1	»	»	»	»	»	»	»	2	»	»	1	»	3	1	4	»	6	1	7
Total des aliénés sortis	10	14	7	»	»	»	9	1	7	»	»	»	33	16	1	»	3	3	9	8	13	41	29	70
Décédés	18	26	2	5	»	1	1	1	»	»	»	21	32	»	»	2	8	10	18	29	45	74
Total des sortis et des décédés	28	40	9	5	»	1	10	1	7	»	1	»	54	48	1	»	2	3	12	19	16	26	70	74	144
Mutations de classe																										
1 indigente de l'Eure passée aux autres départ.	»	1	»	»	»	»	»	1	»	»	»	»	»	»	»	»	1	»	1
1 indigent de nationalité étrangère passé au compte du ministère de l'Intérieur	»	»	»	»	»	»	1	»	»	1	»	»	»	»	»	1	»	1
2 indigents à domiciles indéterminés passés au compte du ministère de l'Intérieur	»	»	»	»	»	2	»	»	2	»	»	»	»	»	2	»	2
1 pensionnaire de 1re classe passé en 3e classe	»	»	»	»	»	»	»	»	1	»	1	»	»	1	»	1
14 pensionnnres de 4e classe passés { 1 en 3e classe / 13 à l'Eure	»	»	»	»	»	»	»	»	»	»	7	»	7	»	7	14
Total des mutations de classe	»	1	»	»	»	»	1	2	»	8	1	»	»	7	»	11	8	19
Total des sorties, décès et mutations de classe	28	41	9	5	»	1	10	1	7	1	1	2	67	49	2	»	2	3	19	26	24	33	81	82	163
Restant le 31 décembre	273	286	89	99	15	10	4	»	6	1	1	»	388	396	3	»	7	9	33	39	43	55	431	451	882
Nombre de journées de présence pendant l'année	9601	103692	33375	16341	5109	3567	1147	170	3007	23368	33	»	142611	131525	956	»	2488	3005	9770	15534	16098	21367	152332	153008	308318
Moyenne de la population par jour	270	284	91	67	9	5	»	8	»	»	»	»	390	360	2	»	6	10	27	42	35	59	425	410	844

Compte administratif.

RECETTES

CHAPITRE 1er. — RECETTES ORDINAIRES

Section 1re. — *Recettes en argent.*

Art. 1er. — Intérêts de fonds placés au Trésor :

Prévisions budgétaires.........   1,500   »
Droits acquis...............   2,160 10

Excédant sur les prévisions..   660 10

Cette recette varie selon l'importance et la durée de nos placements à la trésorerie, qui ne rapportent plus que 2 % depuis le 1er mai 1888.

Art. 2. — Aliénés de l'Eure :

Prévisions budgétaires 256,328 10
Droits acquis...............   257,850 80

Excédant.....   1,522 70

En 1887, nos droits acquis ont été de 256,202 fr. 25 c. et, en 1886, de 255,941 fr. 80 c. Ils ont donc peu varié depuis trois ans.

Nous avions prévu un nombre moyen de 550 malades au compte de l'Eure, en 1888, et ce chiffre a été dépassé de quatre unités pendant le cours de l'année, ce qui a produit l'excédant que nous venons de mentionner.

Le montant de nos droits acquis nous a été payé.

La dépense totale à l'asile des indigents de l'Eure, depuis le 1er août 1866, époque à laquelle il a été ouvert, se monte à 4,668,308 fr. 54 c. ainsi répartie: 3,611,683 fr. 30 c. au compte de l'Eure, 797,531 fr. 90 c. à celui des communes, et 259,093 fr. 34 c. à celui des familles des aliénés.

Art. 3. — Aliénés au compte de l'Etat :

Prévisions budgétaires.........   1,903 20

Droits acquis...............   3,937 85

Excédant......   2,034 05

La recette provenant des aliénés spécialement entretenus aux frais de l'Etat a dépassé le double de nos prévisions, ainsi que l'accuse la présence moyenne de 8 aliénés de cette catégorie, alors qu'il n'en avait été prévu que 4 au budget.

Sur 3,937 fr. 85 c., nous n'avions touché, au 31 mars dernier, que 1,184 fr. 30 c., et il restait à recouvrer 2,753 fr. 55 c. qui ont été encaissés depuis la clôture de l'exercice.

Art. 4. — Aliénés de la Seine :

Prévisions budgétaires.........   86,046 60

Droits acquis...............   76,700 75

Déficit......   9,345 85

Le nombre des aliénés de la Seine a été inférieur de 19 aux prévisions.

Nous avions compté sur 64,782 journées de présence de ces malades, et nous n'en avons obtenu que 57,717.

Les admissions d'aliénés de la Seine ont été peu nombreuses depuis quelques années, aussi la recette perçue à cet article qui, en 1886, était de 86,011 fr. 90 c., en 1887 de 79,830 fr. 20 c., est tombée, en 1888, à 76,700 fr. 75 c.

Nous avons reçu, en décembre dernier, 34 femmes de ce département, qui augmenteront notablement cette recette pour l'avenir.

Art. 5. — Aliénés au compte d'autres départements et de l'étranger :

Prévisions budgétaires.........   19,215 »

Droits acquis...............   16,654 50

Déficit......   2,560 50

La somme de 16,054 fr. 50 c. représente les frais de séjour des aliénés entretenus au compte du département de Seine-et-Oise, de divers autres départements et des pays étrangers.

Le total prévu de ces malades était de 35, et il ne s'est élevé qu'à 30 en moyenne pendant l'année.

Il nous restait à recouvrer, en clôture d'exercice, 643 fr. 10 c. qui étaient dus :

1° Par la famille d'un aliéné de la Seine-Inférieure...............................	50	60
2° Par le grand-duché de Luxembourg..	195	»
3° Par la Suisse..................	138·	»
4° Par le département des Hautes-Pyrénées................................	138	»
5° Par le département de la Seine-Inférieure............................	31	50
6° Par le département d'Indre-et-Loire..	81	»
7° Enfin par celui de Seine-et-Oise.....	9	»
Total..........	643	10

Art. 6. — Pensionnaires de classe exceptionnelle :

Prévisions budgétaires........	»	»
Droits acquis..............	»	»

Aucun pensionnaire de cette catégorie n'a été admis à l'asile depuis quatre ans.

L'asile ne peut recevoir, du reste, qu'une femme de cette classe, faute d'appartements convenables, et nous avons dû refuser un homme pour ce motif.

Art. 7. — Pensionnaires de 1re classe :

Prévisions budgétaires........	4,172	40
Droits acquis..............	3,710	70
Déficit......	461	70

Les journées de présence de ces pensionnaires ont été inférieures de 82 à celles qui avaient été portées au budget.

Art. 8. — Pensionnaires de 2e classe :

Prévisions budgétaires........ 14,640 »

Droits acquis.............. 10,448 »

Déficit...... 4,192 »

Les pensionnaires de 2e classe ont occasionné une recette de 14,718 fr., en 1886, et de 14,264 fr., en 1887.

Les prévisions de 1888, basées sur ces chiffres, n'ont pas été réalisées, parce que nous n'avons eu, en moyenne, que 7 de ces pensionnaires, alors que le budget en comportait 10.

Art. 9. — Pensionnaires de 3e classe :

Prévisions budgétaires........ 13,322 40

Droits acquis.............. 15,402 40

Excédant...... 2,080 »

Nous avons eu 16 pensionnaires de cette catégorie en moyenne, tandis que nous n'en avions prévu que 14.

Art. 10. — Pensionnaires de 4e classe :

Prévisions budgétaires........ 35,026 20

Droits acquis.............. 36,956 15

Excédant...... 1,929 95

Nous avons perçu, sous ce titre :

En 1886, 35,074 fr. 05 c. pour une moyenne de 66 pensionnaires;

En 1887, 38,973 fr. 10 c. pour une moyenne de 73 pensionnaires ;

Et en 1888, 36,956 fr. 15 c. pour une moyenne de 69 pensionnaires.

La prévision portée en 1888, qui n'est autre que la moyenne obtenue en 1886, a été dépassée de 3 unités, 2 chez les hommes et 1 chez les femmes.

Il nous reste dû 1,151 fr. 38 c. par les familles de 6 pensionnaires.

En résumé, les recettes provenant des aliénés de toutes catégories, prévues à 430,653 fr. 90 c., ne se sont élevées qu'à 421,661 fr. 15 c. ; elles sont inférieures de 11,104 fr. 60 c. à celles de 1887.

Le tableau suivant donne le détail de ces recettes :

	ALIÉNÉS		NOMBRE des malades traités.	NOMBRE DE JOURNÉES		Prix payé par jour.	MONTANT PAR	
				passées à l'asile.	payées.		sexe.	article du budget.
INDIGENTS	de l'Eure	H. 301		98.691	98.691	1 30	128.298 30	257.850 80
		F. 327		103.642	103.642	1 25	129.552 50	
	de l'État	H. 16		3.007	3.007	1 30	3.909 10	3.937 85
		F. 1		23	23	1 25	28 75	
	de la Seine	H. 98		33.373	33.373	1 35	45.053 55	76.700 75
		F. 104		24.344	24.344	1 30	31.647 20	
	de Seine-et-Oise	H. 15		5.490	5.490		8.235 »	
		F. 11		3.367	3.367		5.050 50	
	de la Seine-Inférieure	H. 3		398	398		597 »	
	des Hautes-Pyrénées	H. 1		360	360		540 »	
	du Var	H. 1		87	87		130 50	
	du Rhône	H. 1		366	366		549 »	
	du Pas-de-Calais	H. 1		25	25		37 50	
	du Calvados	H. 1		108	108	1 50	162 »	16.654 50
	de la Manche	F. 1		33	33		49 50	
	de la Loire	H. 1		7	7		10 50	
	de Saône-et-Loire	H. 1		36	36		54 »	
	du Nord	H. 2		203	203		304 50	
	de la Sarthe	H. 1		73	73		109 50	
	d'Indre-et-Loire	H. 1		54	54		81 »	
	de nationalité étrangère { Suisse	H. 1		366	366		549 »	
	Luxembourg	F. 1		130	130		195 »	
PENSIONNAIRES	1re classe	H. 5		650	651	5 70	3.710 70	3.710 70
		F. »		»	»		» »	
	2e classe	H. »		»	»	4 »	» »	10.448 »
		F. 9		2.592	2.612		10.448 »	
	3e classe	H. 10		2.188	2.247	2 60	5.842 20	15.402 40
		F. 14		3.605	3.677		9.560 20	
	4e classe	H. 52		9.770	9.947	1 45	14.423 15	36.956 15
		F. 65		15.630	15.540		22.533 »	
	TOTAUX		1.045	308.318	308.857		421.661 15	421.661 15

Le nombre des malades réellement traités dans l'année n'a été que de 1,026 ; le chiffre de 1,045, porté au tableau ci-dessus, tient à ce qu'il y a eu 19 mutations de classe qui font double emploi.

La différence entre le nombre de journées passées à l'asile et le nombre de journées payées par les pensionnaires tient à ce que, d'après l'article 110 du règlement, tout mois commencé est acquis à l'établissement, quelle que soit l'époque de la sortie ou du décès pendant ce mois.

Art. 11. — Domestiques au compte des familles :

Prévisions budgétaires......... 200 »
Droits acquis............... 1,039 50
            Excédant...... 839 50

La somme de 1,039 fr. 50 c. représente le montant de 462 journées de domestiques particuliers attachés au service de deux pensionnaires de 1re classe.

Les recettes des pensionnaires, y compris celles des domestiques au compte des familles, un peu plus élevées que celles de 1884, 1885, 1886, sont inférieures de 9,478 fr. 35 c. à celles de 1887 qui avaient atteint un chiffre exceptionnel.

Art. 12. — Vente d'os et objets hors de service :

Prévisions budgétaires......... 630 »
Droits acquits............... 1,412 70
            Excédant...... 782 70

Cette recette dépasse de 809 fr. 99 c. celle de 1887, par suite de la vente d'une plus grande quantité de chiffons, de vieux zinc, de fonte brûlée, de ferraille et d'un vieil omnibus.

Art. 13. — Vente de produits excédant les besoins de l'asile ;

Prévisions budgétaires.........	350	»
Droits acquis................	2,676	50
Excédent......	2,326	50

Cet excédant considérable sur nos prévisions est dû à la vente que nous avons faite de 25 porcs engraissés à l'asile, en sus de ceux qui ont suffi à l'alimentation de notre population. Ces 25 porcs, d'un poids total de 2,555 kilogrammes, ont rapporté, à raison de 0 fr. 96 c. le kilogramme, une somme de 2,452 fr. 80 c.

Nous avons en outre vendu : 7 veaux, 203 fr. 50 c.; 51 peaux de lapin, 10 fr. 20 c., et 5,000 plants de betteraves, 10 fr.

Art. 14. — Recettes accidentelles :

Prévisions budgétaires.........	10,600	»
Droits acquis................	9,929	75
Déficit......	670	25

Les recettes accidentelles se sont élevées, en 1887, à 10,840 fr. 12 c., et en 1886 à 10,635 fr. 55 c.; elles ont donc subi, en 1888, une certaine diminution qui est due au prix moins élevé des cuirs et du suif.

Elles comprennent :

Les cuirs provenant de l'abattoir........	3,901	19
Les suifs id.	1,532	76
Les sons de la meunerie..............	370	75
La braise de la boulangerie...........	341	80

Les chaussures fournies :

Au personnel...........	292 70	}		
Aux pensionnaires.......	55 60	{	348	30

Les inhumations des pensionnaires et suaires..................................	360	»
Le pécule des aliénés décédés pendant l'année	308	08
A reporter...	7,162	88

Report........	7,162 88
Le chocolat fourni aux indigents et aux pensionnaires de 4° classe..............	558 61
Le café fourni aux indigents et aux pensionnaires de 4° classe................	518 50
Le vin, le cidre, les pommes, fournis :	
Au personnel.......... 378 62 } Aux aliénés .... 516 56 }	895 18
Des régimes supplémentaires divers.....	599 43
Du lait fourni :	
Aux fonctionnaires........ 7 » } Aux aliénés .... 41 » }	48 »
Des douches prises par des personnes du dehors.........................	113 25
Des fournitures diverses	33 90
Total.............	9,929 75

Il reste à recouvrer 321 fr. 22 c. sur le montant de la vente des suifs.

Art. 15. — Remboursement par les familles de dépenses hors pension :

   Prévisions budgétaires.......... 600 »

   Droits acquis................ » »

Il n'a été fait aucune avance aux familles en dehors des prix de pension et les menues fournitures faites aux pensionnaires ont été payées sur leurs comptes-dépôts.

Art. 16 et 17. — Frais de transfèrement d'aliénés et restitution de trop perçu 3,942 60

Les avances faites pour frais de transfèrement ont été considérables en 1888, parce que l'administration de l'asile a été chargée d'assurer le rapatriement de 7 aliénés de nationalité étrangère.

Au nombre de ces malades se trouvait une femme qui

a été reconduite dans le grand-duché de Luxembourg, et les 6 hommes ont été transférés : 2 en Belgique, 1 en Suisse et 3 en Italie.

La somme de 3,942 fr. 60 c. comprend une restitution de 3 fr. 25 c. perçue en trop au compte des pensionnaires de 4ᵉ classe.

Les 2,758 fr. 90 c. portés dans la colonne des restes à recouvrer, sont rentrés en mai dans la caisse du receveur de l'asile.

Les recettes des articles 16 et 17 correspondent à des dépenses équivalentes et ne modifient pas le résultat définitif du compte.

Section 2ᵉ. — *Revenus en nature et produit du travail des aliénés.*

Art. 18. — Revenus en nature consommés :

Prévisions budgétaires.........	66,000	»
Droits acquis...............	65,752	90
Déficit......	247	10

Le bénéfice net de notre exploitation agricole et maraîchère a été de 26,928 fr. 68 c., dans lequel la porcherie entre pour plus de moitié. Elle a rapporté à elle seule 13,548 fr. 47 c.

Les dégâts causés par les vers blancs, bien que moins considérables qu'en 1887, ont occasionné encore une assez grande perte dans notre jardinage et notre grande culture.

Art. 19. — Produit du travail des aliénés :

Prévisions budgétaires.........	42,000	»
Droits acquis...............	41,998	90
Déficit......	1	10

Le nombre moyen des travailleurs a été, pour les hommes, de 208, et pour les femmes, de 233, soit en tout 441.

En 1887, il avait été de 207 chez les hommes et de 224 chez les femmes.

Ces dernières ont augmenté de 9 qui ont été occupées à la cuisine et au ménage.

Le nombre des hommes employés à divers services reste à peu près stationnaire et nous avons constaté, depuis longtemps, que le chiffre total des travailleurs ne dépasse guère la moitié des malades en traitement à l'asile, l'autre moitié étant incapable de se livrer à aucun travail.

Dans la section des hommes, 37 ont été employés au jardinage et à la culture, 52 aux terrassements, 20 à la cordonnerie et 55 au service de propreté.

Les 44 autres ont travaillé à la maçonnerie, à la menuiserie, à la serrurerie, à la cuisine, etc.

Les principaux travaux de terrassement ont consisté dans le creusement des fouilles et des caves, des chambres d'isolement et du pensionnat de la section des femmes édifiés à l'est de l'asile, dans la continuation de l'enlèvement du monticule de terre qui sépare les deux pavillons des bains des hommes, et dans l'extraction de ravine à la cour intérieure des femmes. Cette ravine, qui était située presque au niveau du sol et qui empêchait toute espèce de culture, a été remplacée par de la terre végétale, à une profondeur d'environ deux mètres.

Chez les femmes, nous avons eu 40 buandières, 45 lingères et 55 couturières. 16 se sont adonnées au repassage et au tricot, 12 ont été attachées au service de la cuisine et 62 à celui du ménage.

Les hommes ont fourni 39,037 journées de travail, et les femmes, 30,531.

CHAPITRE II. — RECETTES EXTRAORDINAIRES

Néant.

CHAPITRE III. — RECETTES SUPPLÉMENTAIRES

Les recettes prévues à ce chapitre comprenaient :

1° L'excédant de l'exercice 1887	132,135 07
2° Les restes à recouvrer de ce dernier exercice et des exercices antérieurs........	12,357 19
Total......	144,492 86
Sur les sommes à recouvrer, il a été perçu	7,928 90
Et il reste à recouvrer...............	4,428 29

qui seront reportés au budget additionnel de 1889, avec notes explicatives à l'appui.

Récapitulation des recettes.

	Prévisions budgétaires.	Droits constatés.	Recettes effectuées.	Restes à recouvrer.
Chap. 1er, ordinaires .	555,133 90	550,574 10	542,945 93	7,628 13
Chap. 3, supplémentres	144,492 86	144,492 86	140,064 57	4,428 29
Totaux....	699,626 76	695,066 96	683,010 52	12,056 41

DÉPENSES

CHAPITRE Ier. — DÉPENSES ORDINAIRES

Section 1re. — Dépenses en argent.

Le traitement du directeur-médecin en chef, 8,000 fr., celui du receveur-économe, 3,250 fr., celui des employés de l'administration, 7,100 fr., celui de l'aumônier, 1,500 fr. n'ont donné lieu à aucune annulation.

Le traitement des fonctionnaires et employés du service médical, 6,600 fr., le vestiaire des sœurs, 4,400 fr., la solde des préposés et servants, 33,350 fr., ont produit quelques annulations peu importantes, par suite de vacances d'emplois.

La dépense totale du personnel, y compris l'évaluation des avantages en nature, s'est élevée à 128,277 fr. 43 c.; le nombre des journées d'aliénés traités ayant été de 308,318, la dépense du personnel a été, pour chaque aliéné, de 0 fr. 416.

Le traitement annuel moyen en argent des préposés est, pour les hommes, de 615 fr. 85 c., et pour les femmes de 341 fr. 31 c.

Celui des infirmiers est de 465 fr. 47 c., et celui des infirmières, de 330 fr. 95 c.

Les dépenses concernant les frais de culte, 300 fr., de sépulture, 360 fr., d'administration de bureau, d'impression, de bibliothèque, etc., 3,000 fr., ne varient presque pas depuis plusieurs années.

L'annulation de ces trois crédits a été de 48 fr. 01 c.

Art. 11. — Contributions :

Crédit primitif...............	350	»
Crédit supplémentaire........	263	87
	613	87
Dépense effectuée......	613	87

En 1887, cette dépense ne s'est élevée qu'à 326 fr. 42 c.

Elle a presque doublé en 1888, par suite du remboursement fait par l'asile, au département de l'Eure, de la taxe des biens de main-morte de l'établissement, en 1887 et en 1888.

Il a été suppléé à l'insuffisance du crédit alloué pour

les contributions, par un prélèvement de 263 fr. 87 c., sur dépenses imprévues.

La dépense comprend :

1° La contribution foncière............	315	37
2° Celle des portes et fenêtres de trois logements appartenant à l'asile, en dehors de son enceinte........................	19	69
3° La taxe du chien de garde de la ferme.	2	»
4° Celle des biens de main-morte :		

En 1887... 136 fr. 65 c.........)
 En 1888 .. 140 fr. 16 c.........(276 81

Total........   613 87

Art. 12. — Assurances contre l'incendie :

Crédit alloué	1,500	»
Dépense effectuée............	1,205	70
Reste annulé.....	294	30

Art. 13. — Blé :

Crédit alloué...............	65,000	»
Dépense effectuée............	46,065	94
Reste annulé......	18,934	06

Le prix du blé, qui n'avait été que de 21 fr. 76 c. les 100 kilog. en 1885, de 21 fr. 60 c. en 1886, de 22 fr. 25 c. en 1887, s'est élevé, en 1888, à 25 fr. 31 c.

Malgré ce renchérissement, la dépense de ce crédit n'a été que de 46,065 fr. 94 c., parce que nous n'avons acheté que le blé strictement nécessaire à notre consommation.

Notre approvisionnement, au 31 décembre 1888, était inférieur, à celui du 31 décembre 1887, de 12,492 kilog. de blé, et de 24,310 kilog. de farine. Nous le reconstituerons cette année ; le blé vaut 5 fr. de moins les 100 kilog. aujourd'hui qu'à la fin de 1888, et tout porte à penser qu'il diminuera encore après la récolte.

100 kilog. de blé ont produit 76 k. 29 de farine, qui est revenue à 0 fr. 30 c. le kilog.

100 kilog. de farine ont donné 132 k. 84 de pain, dont le prix a été de 0 fr. 2313.

Le prix moyen de la taxe de la ville d'Evreux, pendant l'année 1888, ayant été de 0 fr. 3191, le boni de l'asile a été de 0 fr. 0878 par kilog., qui, multiplié par 226,060 kilog, donnent pour l'année un bénéfice de 19,848 fr. 068.

Le bénéfice réalisé sur le pain a été, en 1887, de 21,551 fr. 70 c. et, en 1886, de 16,353 fr. 12 c.

Ce bénéfice a été beaucoup plus considérable pendant les trois dernières années que pendant les années précédentes, parce que le blé a été acheté de gré à gré au lieu d'être adjugé.

Le pain est donné à discrétion.

La consommation annuelle et individuelle s'est élevée à 238 kilog. 208; elle a été bien inférieure à l'allocation réglementaire.

Art. 14. — Viande :

Crédit alloué.................	76,000 »
Dépense effectuée.............	61,088 03
Reste annulé......	14,911 97

Les animaux de boucherie ont été achetés de gré à gré. Les bœufs ont coûté sur pied 0 fr. 658, les veaux 1 fr. 10 c. et les moutons 0 fr. 863.

Le prix de revient de la viande abattue à l'asile a été :

pour le bœuf, de...................... 1 fr. 1168

pour le veau, de...................... 1 fr. 5072

et pour le mouton, de................. 1 fr. 7660

Le prix moyen de la viande de boucherie a été de 1 fr. 2454.

En 1887, il avait été de 1 fr. 2577 et, en 1886, de 1 fr. 3366.

Les bœufs ont donné un rendement en viande de 55,50 %, les veaux de 71,83 et les moutons de 49,25.

Il a été consommé pendant l'année :

31,780 kil.	de viande de bœuf à 1 fr. 1168 le kil..		35,491 90
11,543 500	— de veau à 1 fr. 5072 le kil...		17,398 36
3,342 »	— de mouton à 1 fr. 7660 le kil.		5,901 97
13,597 »	— de porc frais à 1 fr. 50 le kil.		20,395 50
157 »	— de volailles et lapins à prix divers.................		373 »
60,419 kil. 500.			**79,560 73**

La consommation annuelle par individu (aliénés et personnel réunis) a été de 63 kilog. 666.

En 1887, elle avait été de 62 kilog. 684, en 1886, de 62 kilog. 626 et, en 1885, de 61 kilog. 647.

Art. 15. — Vin et pommes :

Crédit alloué................. 32,000 »
Dépense effectuée............ 24,550 91
Reste annulé...... 7,449 09

Cette dépense est inférieure de 7,348 fr. 97 c. à celle de 1887, parce qu'il n'a été acheté, en 1888, que 173,422 kilogrammes de pommes, alors qu'en 1887, l'achat des pommes s'était monté à 229,311 kilogrammes.

Les imputations, faites sur ce crédit, sont les suivantes :

96,155 kil. de pommes à cidre à 90 fr. les 1,000 kil..			8,653 95
39,145 — — 92 —			3,601 34
10,790 — — 85 —			917 15
27,332 — — à prix divers........			2,190 »
23,120 litres de vin à 37 fr. 95 c. les 100 litres......			8,773 97
Rétribution du brasseur.....................			414 50
Total.....................			**24,550 91**

Nous avons brassé 186,252 kilogrammes de pommes qui ont produit 308,400 litres de boisson.

Les pommes ont coûté................ 16,722 44
Les frais de brassage ont été de........ 841 16

Total................ 17,563 60

La boisson nous est revenue à 0 fr. 0569 le litre, et il en a été dépensé, défalcation faite de la lie, 343,469 litres.

La nouvelle brasserie par dialyse, établie à l'asile, a commencé à fonctionner pendant la dernière période du brassage. Elle a produit un rendement de boisson plus considérable que par les anciens procédés, et cette boisson contient beaucoup moins de lie. Le mode de fabrication est, en outre, beaucoup plus simple, exige moins de force motrice et permet d'avoir de la boisson toujours de la même force densimétrique.

La quantité de vin dépensée a été de 21,390l,60, tandis qu'en 1887, elle n'avait été que de 20,539l,50.

Cette différence tient à un plus grand nombre de rations supplémentaires accordées aux individus débilités ou atteints de maladies accidentelles.

Art. 16. — Comestibles :

Crédit primitif................. 44,000 »
Crédit supplémentaire........ 1,700 »

45,700 »
Dépense effectuée............ 43,615 04

Reste annulé...... 2,084 96

La dépense concernant ce crédit est subordonnée aux produits de notre exploitation maraîchère.

Art. 17. — Dépenses de pharmacie :

Crédit alloué................. 2,100 »
Dépense effectuée............ 2,099 82

Reste annulé...... 0 18

Art. 18. — Tabac :

Crédit alloué........................ 2,800 »

Dépense effectuée................ 2,771 95

Reste annulé...... 28 05

Les dépenses des articles 17 et 18 ne varient pas depuis plusieurs années.

Art. 19. — Lingerie et vêture :

Crédit alloué........................ 37,500 »

Dépense effectuée................ 37,413 46

Reste annulé...... 86 54

Art. 20. — Dépenses du coucher :

Crédit alloué........................ 13,000 »

Dépense effectuée................ 12,999 97

Reste annulé...... 0 03

Art. 21. — Entretien et renouvellement du mobilier :

Crédit alloué........................ 18,000 »

Dépense effectuée................ 17,936 70

Reste annulé...... 63 30

Art. 22. — Blanchissage :

Crédit alloué........................ 6,000 »

Dépense effectuée................ 5,222 93

Reste annulé...... 777 07

Les frais de blanchissage s'étaient élevés, en 1885, à 7,500 fr.; en 1886, à 7,294 fr. 17 c., et, en 1887, à 5,763 fr. 52 c.

La construction d'un séchoir que nous avons établi en 1885 pour faire sécher convenablement le savon avant de le mettre en service, nous a procuré une économie considérable de cette fourniture. Non-seulement la dépense a diminué d'environ 2,000 fr. depuis 1887, mais il nous restait, en outre, au 31 décembre dernier, 11,417 kilogrammes de savon pour une consommation de près de deux années.

Art. 23. — Chauffage :

Crédit primitif..............	20,000	»
Crédit supplémentaire........	500	»
	20,500	»
Dépense effectuée............	18,279	40
Reste annulé......	2,220	60

En 1887, nous avions dépensé pour le chauffage 19,202 fr. 17 c., par suite d'une plus grande consommation de charbon.

Il a été acheté en 1888 :

228 stères de bois de boulangerie.....	2,049	72
2,844 kilog. de charbon de bois........	369	72
458,368 — de charbon de terre.......	13,682	21
60 — de charbon de forge........	180	»
62,985 — de coke	1,977	75
Dépenses diverses.....	20	»
Total.................	18,279	40

Nous avons récolté, en outre, dans la propriété de l'asile, 1,210 bourrées, 60 stères de bois à brûler et 24st200 de bois de boulangerie estimés ensemble 1,180 fr. 55 c.

Art. 24. — Eclairage :

Crédit alloué...,............	3,300	»
Dépense effectuée............	2,264	50
Reste annulé......	1,035	50

Nos frais d'éclairage présentent une diminution de 549 fr. 11 c. sur ceux de 1887 et de 935 fr. 30 c. sur ceux de 1886. Cette dépense n'avait jamais été aussi peu élevée depuis 18 ans.

Art. 25. — Entretien des bâtiments et murs :

Crédit alloué................ 27,000 »
Dépense effectuée 24,045 71

Reste annulé....... 2,954 29

Ce crédit est destiné au paiement de trois chefs d'atelier, à l'achat des matériaux que nécessitent les réparations des constructions de l'asile et à l'entretien de la toiture de ces constructions.

Art. 26. — Entretien des propriétés, frais de culture.

Crédit alloué................ 10,000 »
Dépense effectuée............ 9,978 74

Reste annulé...... 21 26

Nos achats de porcs maigres ont absorbé 5,304 fr. Le reste du crédit a servi à payer une vache laitière, le fumier, les graines nécessaires à notre exploitation, les dépenses du vétérinaire et du maréchal-ferrant.

Art. 27. — Gratifications aux travailleurs :

Crédit alloué................ 8,000 »
Dépense effectuée............ 7,961 80

Reste annulé...... 38 20

Le nombre moyen des malades travailleurs est resté le même depuis 7 ans, de sorte que les sommes dépensées pour solder le pécule de ces malades n'ont pas dépassé le montant du crédit ci-dessus, alloué depuis cette époque.

Art. 28. — Fourrage et litière :

Crédit primitif.............. 6,000 »
Crédit supplémentaire 1,354 59

7,354 59
Dépense effectuée 7,354 40

Reste annulé...... 0 19

Le prix de la paille a subi une très-grande augmentation depuis quelques années.

Ainsi la paille de blé a coûté 34 fr. 90 c. les 1,000 kilog. en 1885, 44 fr. en 1886, et 48 fr. 75 c. en 1887.

En 1888, elle nous est revenue, en moyenne, à 62 fr. 35 c., de sorte que nous avons été obligés de demander l'ouverture d'un crédit supplémentaire, pour faire face à la dépense de cette dernière année.

Art. 29. — Dépenses imprévues :

Crédit alloué................ 4,023 90
Dépenses effectuées........... 1,613 87
Reste annulé...... 2,410 03

Les dépenses comprennent :

1° Une gratification de 100 fr. accordée à la veuve d'un ancien boucher de l'asile ;

2° Une somme de 1,250 fr. affectée au paiement de travaux de prolongement du grenier de la brasserie dans toute l'étendue de cette construction ;

3° Une imputation de 263 fr. 87 c., pour remboursement, au département, de la taxe des biens de mainmorte de l'asile, en 1887 et en 1888.

Ces dépenses ont eu lieu, en vertu de délibérations de la commission de surveillance approuvées par l'autorité préfectorale.

Les articles 30, 31, 32, 33 et 34 ne nécessitent aucune observation.

CHAPITRE II. — DÉPENSES EXTRAORDINAIRES

Art. 35. — Construction de chambres d'isolement et d'un pensionnat pour la section des femmes :

Crédit alloué................ 51,987 15
Dépense effectuée........... 28,747 50
Annulation...... 23,239 65

Cette annulation, qui tient au non-achèvement des travaux, est reportée au budget supplémentaire.

CHAPITRE III. — DÉPENSES SUPPLÉMENTAIRES

Section 1re. — *Dépenses extraordinaires.*

1° Constructions nouvelles (brasserie de cidre, abattoir, ateliers) :

Crédit.....................	31,703 72
Dépenses....................	27,902 21
Annulation......	3,801 51

La dépense de 27,902 fr. 21 c. représente le montant des sommes versées pour solde de ces trois constructions. qui ont été reçues définitivement par l'architecte du département.

2° Mobilier de la brasserie de cidre :

Crédit.....................	8,006 »
Dépense.....................	7,612 »
Annulation......	394 »

Nous avons payé, pour solde d'un appareil à diffusion installé à la brasserie de cidre .... 5,106 »

Ce système de brassage ayant donné des résultats satisfaisants, nous avons fait ajouter à notre appareil une seconde batterie de cuves semblable à la première, et qui nous a coûté............................... 2,506 »

7,612 »

Cette seconde batterie nous permettra d'abréger de moitié la durée de notre fabrication de cidre et, par suite, d'éviter l'augmentation du prix des pommes qui survient souvent lorsque la saison est avancée.

3° Achat de terrains appartenant à Mlle Dalet :

Crédit................................ 40,654 50

Dépense.............................. » »

Annulation...... 40,654 50

L'achat de ces terrains n'ayant pu être effectué à l'amiable, un jury d'expropriation va être nommé.

Section 2°. — *Dépenses ordinaires.*

Ces dépenses sont réunies à celles de même nature du chapitre 1er.

Récapitulation des dépenses.

	Prévisions budgétaires.	Droits constatés.	Restes annulés.
Chapitre Ier, ordinaires.......	555.133 90	502,454 83	52,679 07
Chapitre IIe, extraordinaires..	51,987 15	28,747 50	23,239 65
Chapitre IIIe, supplémentaires.	86,358 16	39,114 26	47,243 90
Totaux.....	693,479 21	570,316 59	123,162 62

Les recettes prévues au budget primitif et au budget supplémentaire s'élevaient à 699,626 fr. 76 c., les droits acquis ont été de 695,066 fr. 96 c., les recettes effectuées, de 683,010 fr. 52 c., et les restes à recouvrer, de 12,056 fr. 44 c.

Les dépenses prévues étaient de 693,479 fr. 21 c., les dépenses effectuées ont été de 570,316 fr. 59 c., les restes annulés, de 123,162 fr. 62 c.

Les recettes effectuées ayant été de...... 683,010 52

les dépenses de...................... 570,316 59

L'excédant des recettes est de 112,693 93

En ajoutant à cet excédant les restes à

recouvrer................................ 12,056 44

on obtient l'excédant total de........... 124,750 37

qui représente l'actif net de l'asile.

Les économies réalisées pendant l'exercice ont été de 50,579 fr. 97 c.; le mobilier a été augmenté de 12,422 fr. 75 c., et 38,157 fr. 22 c. ont été employés à payer la solde de l'abattoir, des ateliers, de la brasserie, et à donner un à-compte sur les chambres d'isolement et le pensionnat des femmes, eu construction.

Nous aurions désiré présenter au Conseil général un projet de pensionnat pour les hommes, mais ce projet entraînera une dépense considérable, si l'on construit un pensionnat qui puisse rivaliser avec ceux des asiles des départements voisins, et nous avons pensé qu'il valait mieux attendre à l'année prochaine, pour que nos ressources disponibles soient plus élevées.

La commission de surveillance a continué de prêter à l'administration de l'asile le concours le plus bienveillant et le plus zélé ; elle a approuvé, dans sa séance du 17 juin, tous les comptes et budgets qui lui ont été présentés et nous a félicité de la régularité avec laquelle avaient fonctionné tous les services.

Budget supplémentaire de 1889.

RECETTES

Elles comprennent :

1° L'excédant de l'exercice clos................ 112,693 93
2° Les restes à recouvrer..... 12,056 44
sur lesquels il y a lieu d'admettre en non-valeurs........ 130 40

Reste............ 11,926 04   11,926 04

Total................ 124,619 97

L'admission en non-valeurs de 130 fr. 40 c., tient à ce

que plusieurs hommes, admis d'abord au compte de nationalités étrangères, dont le prix de journée est de 1 fr. 50 c., sont passés à celui du ministère de l'intérieur qui ne paie que 1 fr. 30 c. par jour.

DÉPENSES

Section 1re. — *Dépenses extraordinaires.*

1° Construction d'un pensionnat et de chambres d'isolement pour la section des femmes.

Le crédit concernant cette construction se montait à... 51,987 15
Il a été dépensé............................... 28,747 50
et il reste, par conséquent, à reporter...... 23,239 65

2° Achat de terrains appartenant à Mlle Dalet.

Cet achat, pour lequel un décret d'utilité publique a été rendu, n'a pas encore été effectué.

Il y a donc lieu de reporter le crédit intégral ouvert par le Conseil général,.................. 40,654 50

Section 2e. — *Dépenses ordinaires.*

Blé... 10,000 »

Le prix du blé prévu au budget primitif n'était que de 22 fr. 70 c. les 100 kilogrammes, tandis qu'il s'est élevé, pendant les cinq premiers mois de l'année, à 25 fr. 46 c.

En outre, le blé ayant été très-cher pendant les trois derniers mois de 1888, nous n'en avons acheté, pendant ce trimestre, que la quantité strictement nécessaire à notre consommation, en sorte que notre approvisionnement de blé et de farine a été épuisé et il importera de reconstituer cet approvisionnement si, comme tout le porte à penser, le prix du blé n'est pas trop élevé après la récolte.

Vin, pommes..................... 10,000 »

Ce crédit supplémentaire a pour but de nous permettre de fabriquer, pendant les trois derniers mois de cette année, tout le cidre nécessaire à la consommation de 1890, tandis qu'avant la construction de la nouvelle brasserie nous étions forcés de continuer notre fabrication jusqu'au mois d'avril et de répartir, sur deux exercices, l'achat des pommes, ce qui était très-onéreux pour l'établissement, les pommes étant plus chères et moins bonnes à la fin de la saison.

Comestibles .... 3,000 »

Notre récolte de pommes de terre a été insuffisante, en 1888, par suite des dégâts causés par les vers blancs et nous avons dû en acheter pour 2,640 fr.

Frais de culture.................. 3,000 »

Je n'ai prévu au budget primitif que l'achat de 120 porcs, tandis que nous espérons pouvoir en engraisser près de 200.

Ce crédit supplémentaire sera plus que compensé par la recette que produira la vente des porcs gras.

Fourrages et litière.............. 2,000 »

Le prix de la paille et du foin a été très-élevé pendant les cinq premiers mois de l'exercice; notre crédit primitif est aujourd'hui complètement épuisé et nous avons besoin encore d'environ 40,000 kilogrammes de paille pour aller jusqu'à la fin de l'année.

Budget primitif de 1890.

RECETTES

Les recettes ordinaires en argent sont basées sur les résultats de l'exercice précédent et se montent à

442,826 fr. En 1888, elles ont atteint le chiffre de 442,822 fr. 30 c.

Le chiffre prévu des indigents de l'Eure est de 270 hommes et de 284 femmes ; celui des indigents d'autres départements est de 196 et celui des pensionnaires de 94.

Je ne pense pas qu'il y ait lieu de proposer de modifications aux prix de journées adoptés par le Conseil général depuis 1885.

Les revenus en nature sont évalués à 65,000 fr. et le produit du travail des aliénés à 42,000 fr. Ce sont des recettes d'ordre portées pour la même somme en dépenses.

DÉPENSES

Les six premiers articles sont la reproduction des prévisions budgétaires de 1889.

Art. 7. — Solde des préposés et servants. 35,000 »

Ce crédit a pour but la rétribution de 44 hommes et de 33 femmes.

Nos préposés et servants deviennent beaucoup plus stables, ce qui produit une grande amélioration dans le service, mais il en résulte une légère augmentation de traitement, la solde de ce personnel augmentant un peu avec l'ancienneté des services.

Les crédits *blé, viande, vin et pommes, comestibles,* sont plus élevés que les dépenses effectuées en 1888 ; il est difficile de prévoir maintenant le prix exact que coûteront ces fournitures et nous pensons qu'il vaut mieux doter convenablement les crédits auxquels elles se rapportent que d'être forcés de venir demander des crédits supplémentaires.

Le crédit *assurances contre l'incendie* est augmenté

pour permettre d'assurer les bâtiments nouvellement construits.

L'augmentation du crédit *chauffage* tient à ce que nous serons forcés d'acheter du bois, tandis que depuis plusieurs années nous ne consommions que celui qui était abattu dans la propriété de l'asile.

La lingerie et le coucher sont suffisamment approvisionnés, ce qui a permis de réduire un peu ces crédits.

Le crédit *entretien des bâtiments* est le même que celui de 1889 et devra encore être maintenu à ce chiffre quelques années pour achever les réparations que nécessitent les constructions de l'asile.

Les autres crédits ne donnent lieu à aucune observation.

Les dépenses sont égales aux recettes.

Veuillez agréer, Monsieur le préfet, l'hommage de mon respectueux dévouement.

Le *Directeur-Médecin en chef*,

Daniel BRUNET.

Evreux, le 10 juillet 1889.

Evreux. — Ernest Quartier, imprimeur.

RAPPORT

DU DIRECTEUR-MÉDECIN EN CHEF

DE L'ASILE PUBLIC D'ALIÉNÉS D'ÉVREUX

(AOUT 1890)

MONSIEUR LE PRÉFET,

J'ai l'honneur de vous adresser mon rapport annuel sur l'asile d'Evreux que je vous prie de vouloir bien soumettre au Conseil général à sa session d'août.

Il est aussi succinct que possible, afin qu'il puisse être imprimé avec les rapports des chefs de service.

Ce rapport comprend :

1° Le compte médical de 1889 ;
2° Le compte administratif et moral de la même année;
3° Le budget supplémentaire de 1890 ;
4° Le budget primitif de 1891.

Compte médical de 1889.

Le 1er janvier 1889, l'asile contenait 882 aliénés. Le nombre des admissions ayant été de 115 pendant l'année, le total des malades traités s'est élevé à 997.

En 1888, ce chiffre avait été de 1,026 ; nous avons eu, par conséquent, une diminution de 29 aliénés traités. En revanche, la moyenne quotidienne, qui a été de 874, est supérieure de 30 malades à celle de 1888.

1.

Le nombre des décès a été de 66 et celui des sorties de
65, total 131. Ce chiffre dépassant de 16 celui des admissions, le nombre des aliénés existant le 31 décembre
n'était plus que de 866.

Les 882 aliénés présents au 1er janvier comprenaient :
98 pensionnaires et 784 indigents de divers départements,
dont 559 au compte de l'Eure.

Le tableau suivant indique la forme d'aliénation mentale dont ces malades étaient atteints :

	Hommes.	Femmes.	Total.
Folie simple....................	96	82	178
Paralysie générale..............	21	8	29
Démence et folie épileptiques.....	17	18	35
Démence consécutive aux diverses formes de folie..............	184	219	403
Démence sénile	»	2	2
Démence organique.............	3	»	3
Idiotie et imbécillité simple......	101	101	202
Idiotie et imbécillité épileptiques..	9	21	30
	431	451	882

Le fait saillant de ce tableau consiste dans le grand
nombre d'individus atteints de démence, d'idiotie et d'imbécillité simples ou épileptiques.

Les 178 cas de folie simple présentaient seuls quelques
chances de guérison ; encore ces chances étaient-elles
bien faibles pour la plupart d'entre eux, en raison de
l'ancienneté de la maladie qui, comme tous les auteurs
l'admettent, guérit d'autant plus facilement qu'elle est
plus récente et qui devient presque toujours incurable au
bout de deux ou trois ans.

Sur ces 178 aliénés, il n'y en avait pas plus d'une
vingtaine susceptibles de guérir complètement.

Admissions. — Nous avons reçu 63 indigents de l'Eure, 14 de divers départements et 38 pensionnaires.

Ces 115 malades comprenaient : 76 admissions pour la première fois dans un asile, 11 rechutes, 13 réintégrations par suite de sortie avant guérison et 15 transfèrements d'autres établissements d'aliénés.

Les admissions pour la première fois présentaient 44 cas de folie simple, 8 de démence, 15 de paralysie générale, 2 de folie épileptique, 5 d'idiotie simple et 2 d'idiotie épileptique.

Des 11 aliénés qui ont rechuté, 7 rentraient pour la deuxième fois, 1 pour la troisième, 1 pour la quatrième et 2 pour la septième.

Parmi les 15 malades transférés de divers établissements d'aliénés, 7 venaient de Gaillon, 1 de Quatre-Mares 1 de Saint-Yon, 1 de Ville-Evrard, 1 de Clermont, 1 de Bonneval, 1 de Caen, 1 de Saint-Méen, 1 de Belle-Isle-Bégard.

Les aliénés transférés de Gaillon étaient placés à l'asile en attendant que leur domicile de secours fût reconnu; les 8 autres transférés appartenaient au département de l'Eure.

Les 39 aliénés rechutés, réintégrés ou transférés étaient atteints : 30 de folie simple, 1 de paralysie générale, 1 de démence épileptique, 1 de démence sénile, 4 d'itiotie simple et 2 d'idiotie épileptique.

Parmi les aliénés admis pour la première fois, 46 étaient mariés, 8 veufs et 22 célibataires ; 56 avaient reçu une instruction primaire, 5 une instruction plus élevée et 15 ne savaient ni lire ni écrire.

Sorties. — 25 aliénés sont sortis guéris, 20 améliorés, 11 ont été transférés dans les asiles des départements où ils avaient droit à leur domicile de secours, 8 ont été réclamés par les familles et 1 s'est évadé. Celui-ci, bien que non guéri, a été gardé par sa mère.

Sur les 25 aliénés guéris, 23 étaient atteints de folie simple et 2 de péricérébrite chronique à la première période.

Cette dernière maladie étant rarement curable, je vais donner un résumé de ces deux derniers cas de guérison.

Un jeune homme de 33 ans, ayant reçu une instruction supérieure, fut pris, à la suite d'une violente insolation, d'une méningo-cérébrite, caractérisée par une vive agitation, une incohérence complète dans les idées et un affaiblissement de la motilité des membres. Pendant quelque temps, il a même été malpropre. Il a guéri complètement au bout de 22 mois, par l'emploi de bains simples, de bromure de potassium à la dose de 6 à 10 grammes par jour et par des promenades quotidiennes, avec son domestique.

Le nommé C..., âgé de 30 ans, atteint de folie convulsive, caractérisée par une vive agitation, par des mouvements convulsifs des lèvres et des muscles de la face, par le délire ambitieux incohérent spécial à la paralysie générale, est entré à l'asile le 10 janvier 1889 et en est sorti le 1er août de la même année complètement guéri.

Il a été traité par des bains fréquemment répétés et le bromure de potassium à haute dose.

Du 18 avril au 24 mai, il a pris de 35 à 40 grammes de ce médicament, sans qu'aucun accident ne soit survenu, tandis que, lorsqu'il est entré en convalescence, il se plaignait de fatigues musculaires avec une dose de 5 à 6 grammes, ce qui prouve que la tolérance du bromure de potassium est très-grande dans la folie convulsive.

La proportion des aliénés guéris au nombre des admissions a été de 25 %.

Causes des décès.

	Hommes.	Femmes.	2 sexes.
Congestion cérébrale.........	»	2	2
Hémorrhagie cérébrale	3	4	7
Ramollissement cérébral	2	»	2
Paralysie générale	12	7	10
Congestion pulmonaire	2	4	6
Pneumonie.................	»	4	4
Pleuro-pneumonie...........	1	»	1
Bronchite chronique	1	»	1
Phthisie pulmonaire	2	2	4
Affections du cœur	»	4	4
Cirrhose du foie.............	1	»	1
Inflammation purulente des ca-naux biliaires	1	»	1
Maladie de Brigth...........	1	»	1
Squirrhe des intestins	»	1	1
Dyssenterie................	1	1	2
Cancer du sein	»	1	1
Abcès du rectum	1	»	1
Abcès de la cuisse droite......	1	»	1
Gangrène sénile du pied gauche	»	1	1
Débilité sénile	1	5	6
Totaux........	30	36	66

Le chiffre de 66 décès est peu élevé, surtout si l'on considère que 19 malades ont succombé à la paralysie générale, affection qui entraîne promptement la mort 7 à l'hémorrhagie cérébrale, 4 à la congestion ou au ramollissement du cerveau et 7 à la dégénérescence organique produite par la sénilité.

L'inflammation purulente des canaux biliaires, qui a déterminé la mort chez un homme de 53 ans, est due à l'épidémie d'influenza qui a commencé à sévir à l'asile, avec beaucoup d'intensité, à la fin de décembre 1889.

Tous les malades morts de paralysie générale ont présenté les lésions de la péricérébrite, qui étaient très-marquées, surtout au niveau de la région motrice du cerveau.

Ils étaient âgés de 33 à 52 ans, à l'exception de trois malades qui avaient 61, 62 et 63 ans.

Le nombre des indigents de l'Eure existant à l'asile va toujours en augmentant, ce qui tient non pas à la fréquence plus grande de l'aliénation mentale dans ce département, mais à la diminution de la mortalité de l'asile et à l'admission d'un grand nombre d'aliénés incurables qui passent de longues années à l'établissement. Cela résulte nettement du mouvement de la population, du 1er janvier 1870 au 1er janvier 1880, comparé à celui de la période décennale suivante.

Dans la première période, nous avons reçu 951 aliénés, tandis que dans la seconde nous n'en avons reçu que 730.

Le chiffre des pensionnaires a augmenté de 19. Quant aux admissions des indigents des autres départements, elles varient suivant le nombre de places vacantes à l'asile.

Elles ont été très-nombreuses en 1870 et 1871, parce que la guerre a forcé le département de la Seine d'évacuer en province les aliénés existant dans ses asiles.

I. — *Admissions,* ~~pour la première fois,~~ *du 1ᵉʳ Janvier 1870 au 1ᵉʳ Janvier 1880.*

| | PENSIONNAIRES | | | INDIGENTS | | | | | | TOTAL des pensionnaires et des indigents | | TOTAL GÉNÉRAL |
| | | | | Euro | | | Autres départements et état | | | | | |
	H.	F.	2 s.	H.	F.	2 s.	H.	F.	2 s.	H.	F.	
1870	23	21	44	46	43	89	215	95	310	284	159	443
1871	19	11	30	36	39	75	46	58	104	101	108	209
1872	19	25	44	44	42	86	24	33	57	87	100	187
1873	29	23	52	49	49	98	17	37	54	95	109	204
1874	18	25	43	66	39	105	5	2	7	89	66	155
1875	16	20	36	52	55	107	46	27	73	114	102	216
1876	28	23	51	67	33	100	27	19	46	122	75	197
1877	18	22	40	52	48	100	9	11	20	79	81	160
1878	28	22	50	56	50	106	13	8	21	97	80	177
1879	23	25	48	47	38	85	47	10	57	117	73	190
Totaux.	221	217	438	515	436	951	449	300	749	1.185	953	2.138

Admissions du 1ᵉʳ Janvier 1880 au 1ᵉʳ Janvier 1890.

	H.	F.	2 s.	H.	F.	2 s.	H.	F.	2 s.	H.	F.	
1880	23	33	56	49	43	92	15	1	16	87	77	164
1881	25	23	48	43	44	87	19	2	21	87	69	156
1882	24	19	43	31	36	67	29	4	33	84	59	143
1883	23	28	51	32	49	81	37	3	40	92	80	172
1884	16	20	36	35	41	76	22	3	25	73	64	137
1885	14	25	39	42	34	76	23	2	25	79	61	140
1886	22	23	45	39	23	62	9	3	12	70	49	119
1887	22	31	53	33	26	59	17	1	18	72	58	130
1888	31	17	48	30	37	67	18	38	56	79	92	171
1889	15	23	38	31	32	63	14	»	14	60	55	115
Totaux.	215	242	457	365	365	730	203	57	260	783	664	1.447

Les arrondissements d'Evreux et de Louviers four-
nissent beaucoup plus d'aliénés, d'une manière absolue
et relativement à leur population, que ceux de Bernay et
de Pont-Audemer, et surtout que celui des Andelys, qui
est un arrondissement agricole.

L'aliénation mentale sévit plus dans les grandes villes
et les centres industriels qu'à la campagne, où les causes
de surexcitation des instincts égoïstes et les excès de
toutes sortes sont moins fréquents.

Les tableaux suivants, 2, 3, 4, 5 et 6, se rapportent
aux malades admis pour la première fois, du 1er janvier 1880 au 1er janvier 1890.

II. — *Répartition par arrondissement des aliénés de l'Eure,
indigents et pensionnaires.*

	Population moyenne.	Aliénés admis.	Proportion pour 100,000 habitants.
Evreux.............	112,120	367	32,73
Louviers...........	62,206	174	27,07
Bernay.............	64,211	128	19,93
Pont-Audemer......	68,084	132	19,38
Les Andelys........	58,962	81	13,73
Totaux	365,583	882	24,13

Le célibat et le veuvage prédisposent beaucoup à
l'aliénation mentale.

Nous avons reçu 274 célibataires âgés de 20 à 87 ans,
470 mariés, 133 veufs et 18 dont l'état-civil était in-
connu.

D'après le recensement de 1886, le nombre des célibataires domiciliés dans l'Eure, âgés de plus de 20 ans,
n'était que de 40,498, tandis que celui des individus
mariés s'élevait à 170,991 et celui des veufs à 35,793;
d'où il résulte que la proportion des aliénés admis est :

pour les célibataires de 0,67 ‰, pour les mariés de 0,27 ‰ et pour les veufs de 0,37 ‰.

Cette plus grande fréquence de l'aliénation mentale chez les veufs et surtout chez les célibataires, tient à ce que le mariage développe moins les sentiments personnels que le célibat et le veuvage.

En défalquant des célibataires les aliénés atteints d'idiotie et d'épilepsie, la proportion e. t encore de 0,54 ‰, moitié plus grande que celle des mariés.

III. — Etat-civil des aliénés au-dessus de 20 ans.

	FOLIE simple		PARALYSIE générale		DÉMENCE simple		DÉMENCE épileptique		IDIOTIE OU IMBÉCILLITÉ simple		IDIOTIE OU IMBÉCILLITÉ épileptique		TOTAL		
	H.	F.	H.	F.	H.	F.	H.	F.	H.	F.	H.	F.	H.	F.	2 s.
Célibataires...............	85	71	17	8	17	9	8	6	29	20	1	3	157	117	274
Mariés...................	125	169	76	17	35	33	11	3	»	1	»	»	247	223	470
Veufs....................	16	39	12	6	18	40	»	1	»	1	»	»	46	87	133
Etat-civil inconnu........	8	»	3	1	5	»	1	»	»	»	»	»	17	1	18
Totaux.....	234	279	108	32	75	82	20	10	29	22	1	3	467	428	895

La folie simple et la paralysie générale sévissent surtout de 35 à 55 ans, époque de la vie pendant laquelle les causes de surexcitation cérébrale sont le plus nombreuses, où la lutte pour l'existence est le plus difficile.

IV. — *Age au moment de l'admission.*

	FOLIE simple		PARALYSIE générale		DÉMENCE simple		DÉMENCE épileptique		IDIOTIE ou IMBÉCILLITÉ simple		IDIOTIE épileptique		TOTAL		
	H.	F.	H.	F.	H.	F.	H.	F.	H.	F.	H.	F.	H.	F.	2 s.
De 5 à 15 ans............	»	1	»	»	»	»	1	1	13	5	1	5	15	12	27
De 15 à 20 ans............	7	19	»	»	»	»	4	2	12	10	3	2	26	33	59
De 20 à 25 ans............	26	24	»	»	1	1	2	2	6	8	1	»	36	35	71
De 25 à 30 ans............	21	34	»	1	3	»	3	1	6	4	»	1	39	41	80
De 30 à 35 ans............	34	29	18	5	4	2	4	2	4	5	»	»	64	43	107
De 35 à 40 ans............	45	37	24	5	5	»	1	»	4	»	»	2	79	44	123
De 40 à 50 ans............	49	77	39	13	5	11	5	1	5	2	»	»	103	104	207
De 50 à 60 ans............	35	55	21	8	12	14	2	3	4	3	»	»	74	83	157
De 60 à 70 ans............	20	17	»	»	20	22	2	1	»	»	»	»	42	40	82
De 70 à 87 ans............	4	6	»	»	25	32	1	»	»	»	»	»	30	38	68
Totaux.....	241	299	108	32	75	82	25	13	54	37	5	10	508	473	981

Les mois de mai et de juillet sont les deux mois pendant lesquels nous avons reçu le plus d'aliénés, et ceux d'octobre et de novembre ceux pendant lesquels les admissions ont été le moins élevées. Un fait curieux, difficile à expliquer, est que les admissions du mois de novembre ont été moitié moins élevées que celles des mois de mai et de juillet et beaucoup moins nombreuses que celles de tous les autres mois, quoique avec une différence moins grande.

V. — *Admissions par mois.*

	FOLIE simple		PARALYSIE générale		DÉMENCE simple		DÉMENCE épileptique		IDIOTIE OU IMBÉCILLITÉ simple		IDIOTIE OU IMBÉCILLITÉ épileptique		TOTAL		
	H.	F.	H.	F.	H.	F.	H.	F.	H.	F.	H.	F.	H.	F.	2 s.
Janvier	17	28	9	6	6	6	2	»	4	3	»	»	38	43	81
Février	22	24	7	1	5	7	2	3	5	3	»	1	41	39	80
Mars	16	18	13	4	9	4	4	3	8	2	»	1	50	32	82
Avril	16	27	9	3	4	6	4	1	2	2	»	1	35	40	75
Mai	30	29	13	1	5	7	3	»	6	5	2	2	59	44	103
Juin	20	28	12	3	5	6	1	»	5	4	1	»	44	41	85
Juillet	31	29	9	2	4	10	3	1	8	5	»	»	55	47	102
Août	19	33	10	3	7	1	1	1	2	3	»	2	39	43	82
Septembre	21	25	9	3	10	9	1	1	2	3	»	»	43	43	86
Octobre	18	19	6	2	6	8	2	2	5	3	2	»	39	34	73
Novembre	11	14	5	1	5	11	1	1	2	1	»	»	24	28	52
Décembre	20	25	6	3	9	7	1	»	5	3	»	1	41	39	80
Totaux	241	299	108	32	75	82	25	13	54	37	5	10	508	473	981

L'instruction ne préserve en rien des maladies mentales. Une éducation morale convenablement dirigée, en développant les sentiments altruistes, en prévenant tous les excès, peut seule diminuer la fréquence de ces affections.

VI. — *Instruction.*

	FOLIE simple		PARALYSIE générale		DÉMENCE simple		DÉMENCE épileptique		IDIOTIE OU IMBÉCILLITÉ simple		IDIOTIE OU IMBÉCILLITÉ épileptique		TOTAL		
	H.	F.	H.	F.	H.	F.	H.	F.	H.	F.	H.	F.	H.	F.	2 s.
Sachant lire	10	19	2	1	4	1	2	1	5	1	»	»	23	23	46
Instruction primaire	160	182	76	17	29	18	14	6	7	3	2	2	288	228	516
Instruction plus élevée	13	13	11	2	4	»	»	»	»	»	»	»	28	15	43
Instruction nulle	38	52	12	9	29	45	7	6	39	30	3	8	128	150	278
Instruction inconnue	20	33	7	3	9	18	2	»	3	3	»	»	41	57	98
Totaux	241	299	108	32	75	82	25	13	54	37	5	10	508	473	981

Aliénés sortis du 1ᵉʳ janvier 1880 au 1ᵉʳ janvier 1890.

317 malades sont sortis par guérison, 156 par amélioration, 22 par évasions, 137 par tranfèrement, 93 sur la demande des familles.

La proportion des guérisons par rapport au nombre total des admissions est de 32,30 % ; ce chiffre est assez élevé, si l'on considère que les admissions comptaient le tiers d'individus atteints de démence, d'épilepsie ou d'idiotie, affections complètement incurables.

Les transfèrements ont été nombreux, parce que nous recevons beaucoup d'aliénés criminels venant de Gaillon, qui restent à l'asile jusqu'à ce que leur domicile de secours soit reconnu.

VII. — *Sorties.*

	FOLIE simple		PARALYSIE générale		DÉMENCE simple		DÉMENCE épileptique		IDIOTIE OU IMBÉCILLITÉ simple		IDIOTIE OU IMBÉCILLITÉ épileptique		TOTAL		
	H.	F.	H.	F.	H.	F.	H.	F.	H.	F.	H.	F.	H.	F.	2 s.
Guérisons..............	155	157	1	»	»	»	3	1	»	»	»	»	159	158	317
Améliorations............	63	83	7	2	3	2	1	2	2	1	»	»	66	90	156
Evasions...............	15	3	2	»	»	»	»	»	2	»	»	»	19	3	22
Transfèrements..........	72	17	13	2	8	2	9	»	10	4	»	»	112	25	137
Demande des familles, etc..	26	33	8	2	5	1	2	»	7	5	1	3	49	44	93
Totaux.....	321	293	31	6	16	5	15	3	21	10	1	3	405	320	725

Du 1ᵉʳ janvier 1870 au 1ᵉʳ janvier 1880, la proportion pour 100 des décès a été de 14,50, par rapport à la population moyennne, et de 11,47, par rapport au nombre d'aliénés traités.

Du 1er janvier 1880 au 1er janvier 1890, cette proportion n'a été, dans le premier cas, que de 7,99 et dans le second que de 6,83. Cette diminution considérable de la mortalité tient à l'amélioration de toutes les conditions hygiéniques de l'asile, qui ont rendu bien moins fréquentes les affections intestinales.

La grande mortalité des années 1870 et 1871 est due, en partie, au chiffre élevé des admissions des aliénés de la Seine, dont la santé était très-affaiblie lorsqu'ils sont arrivés à l'asile d'Evreux.

En outre, une épidémie de variole a causé 15 décès en 1870.

VIII. — *Nombre de décès du 1ᵉʳ janvier 1870 au 1ᵉʳ janvier 1880 et du 1ᵉʳ janvier 1880 au 1ᵉʳ janvier 1890.*

	1870		1871		1872		1873		1874		1875		1876		1877		1878		1879		1880		1881		1882		1883		1884		1885		1886		1887		1888		188	
	H.	F.	H.	F.	H.	F.	H.	F.	H.	F.	H.	F.	H.	F.	H.	F.	H.	F.	H.	F.	H.	F.	H.	F.	H.	F.	H.	F.	H.	F.	H.	F.	H.	F.	H.	F.	H.	F.	H.	F.
Décès par sexe	99	59	70	66	30	41	42	50	43	44	54	52	58	48	51	54	54	50	57	46	33	38	39	35	40	31	39	30	43	30	35	17	30	32	34	31	29	45	30	3
Décès des deux sexes	158		136		71		92		87		106		106		105		104		103		71		74		71		69		73		52		62		65		74		6	
Population moyenne	596		637		654		704		740		757		805		805		806		822		841		853		838		849		852		846		858		857		844		87	
Proportion pour % des décès	26.51	21.35	10.85		13.06		11.75		14.»		13.16		13.04		12.90		12.53		8.44		8.67		8.47		8.12		8.57		6.14		7.23		7.58		8.77		7.5			
Population moyenne de 1870 à 1880 et de 1880 à 1890							733																				851													
Proportion pour % des décès							14.59																				7.99													
Population traitée	897		883		870		892		892		960		984		970		980		1.000		990		1.008		992		1.003		994		977		973		984		1.026		1.00	
Proportion pour % des décès	17.61	15.40	8.16		10.31		9.75		11.04		10.77		10.82		10.61		10.30		7.17		7.34		7.16		6.87		7.34		5.32		6.37		6.60		7.21		6.5			
Moyenne de la population traitée de 1870 à 1880 et de 1880 à 1890							933																				995													
Proportion pour % des décès							11.47																				6.83													

De 1885 à 1889, la mortalité a été moins considérable que de 1880 à 1884, excepté pendant l'année 1888, où elle a été augmentée par l'épidémie de variole qui a sévi à l'asile et qui a produit 7 décès. L'état sanitaire va donc toujours en s'améliorant.

Le tableau suivant donne l'énumération des causes des décès du 1er janvier 1880 au 1er janvier 1890.

CAUSES DES DÉCÈS.	HOMMES	FEMMES	2 SEXES
Congestion cérébrale.....................	14	12	26
Méningite suppurée	1	»	1
Péricérébrite chronique (paralysie générale, 154 ; idiotie épileptique, 1)........	121	34	155
Hémorrhagie cérébrale..................	19	24	43
Ramollissement cérébral.................	7	18	25
Tumeur cérébrale	1	»	1
Epilepsie...............................	18	7	25
Laryngo-trachéïte	1	»	1
Congestion pulmonaire..................	20	15	35
Pneumonie.............................	4	15	19
Pleuro-pneumonie......................	3	2	5
Phthisie pulmonaire	32	22	54
Emphysème pulmonaire.................	2	3	5
Gangrène pulmonaire	2	1	3
Pleurésie..............................	3	3	6
Bronchite capillaire....................	2	2	4
— chronique....................	7	4	11
Dilatation des bronches.................	»	1	1
Affections du cœur.....................	28	59	87
Cancer de l'œsophage	»	1	1
— de l'estomac.................	4	5	9
— du cœcum...................	1	»	1
— du duodenum................	»	1	1
— du foie	»	1	1
Ulcère de l'estomac....................	1	»	1
Inflammation purulente des canaux biliaires	1	»	1
Cirrhose atrophique....................	3	»	3
Péritonite.............................	4	5	9
Entérite...............................	15	15	30
Dyssenterie............................	5	9	14
Abcès du rectum.......................	1	»	1
Maladie de Brigth......................	1	»	1
Cancer du sein.........................	»	4	4
— du rein....................	1	»	1
— de la vessie...............	1	1	2
— de l'utérus	»	6	6
Hématurie	1	»	1
Polype de l'utérus.....................	»	1	1
Kyste de l'ovaire	»	1	1
Phlegmon des membres inférieurs	2	1	3
Abcès gangréneux de la parotide	1	»	1
Fièvre typhoïde........................	1	2	3
Variole	»	7	7
Anthrax	»	1	1
Erysipèle du cuir chevelu...............	1	»	1
Cachexie rhumatismale.................	1	»	1
— scorbutique.................	1	1	2
Débilité sénile simple..................	17	30	47
Gangrène sénile des extrémités..........	1	3	4
Fracture du col du fémur................	»	1	1
— des deux os de la jambe........	»	2	2
Asphyxie par les aliments	2	1	3
Suicides : par chute d'un lieu élevé.......	»	2	2
— par pendaison.................	1	1	2
— par strangulation	»	1	1
Totaux...........	352	325	677

Sur les 677 décès qui ont eu lieu pendant cette période décennale, 276 ont été déterminés par des maladies de l'appareil nerveux, 144 par celles de l'appareil respiratoire, 87 par celles de l'appareil circulatoire, 72 par celles de l'appareil digestif, 17 par celles de l'appareil génito-urinaire. 3 aliénés ont succombé à des phlegmons des membres inférieurs, 1 à un abcès gangréneux de la parotide, 3 à la fièvre typhoïde, 7 à la variole, 1 à un érysipèle de la face et du cuir chevelu, 1 à un anthrax, 1 à la cachexie rhumatismale, 2 à la cachexie scorbutique, 51 à la sénilité, 2 épileptiques à une fracture des deux os de la jambe, au tiers inférieur et une démente très-âgée, aux suites d'une fracture du col du fémur.

3 paralytiques généraux se sont asphyxiés par l'introduction de parcelles alimentaires dans les voies aériennes.

5 malades se sont suicidés : 2 par pendaison, 1 par strangulation et 2 en se jetant par une fenêtre, l'une par celle de l'infirmerie et l'autre par celle de la lingerie.

Ces chutes ont déterminé des fractures de la colonne vertébrale, qui ont entraîné la mort au bout de peu de temps.

Tous les paralytiques généraux ont présenté les lésions de la péricérébrite chronique. Le degré de fréquence et d'intensité de ces lésions était d'abord la région irriguée par l'artère sylvienne, puis les régions irriguées par les autres branches de la carotide, et enfin les circonvolutions temporales qui reçoivent leurs vaisseaux de la branche antérieure de la cérébrale postérieure.

Ce n'est que dans quelques cas très-rares que la péricérébrite s'était étendue au lobe occipital postérieur.

Les granulations de l'épendyme du ventricule, auxquelles quelques auteurs attachent une importance exagérée, manquaient souvent ou étaient très-peu prononcées.

2.

Le cervelet n'a jamais offert de lésions macroscopiques évidentes.

Les adhérences des membranes viscérales à la substance corticale du cerveau et, plus tard, l'atrophie de cet organe, sont les lésions principales de la péricérébrite, et elles sont ordinairement en corrélation l'une avec l'autre ; l'hémisphère le plus atrophié étant celui dont les adhérences sont le plus considérables.

Dans les formes très-lentes de la paralysie générale, une ou deux fois sur cent cas de cette maladie, les adhérences peuvent manquer et alors la péricérébrite ne se traduit que par l'épaississement, l'opalescence des membranes viscérales et l'atrophie des circonvolutions du cerveau.

Répartition par départements et par années des décès produits par la paralysie générale, du 1er janvier 1880 au 31 décembre 1880.

ANNÉES	EURE		SEINE		Autres départements et État		TOTAL		
	H.	F.	H.	F.	H.	F.	H.	F.	2 S.
1880.........	4	»	4	1	»	»	8	1	9
1881.........	12	3	3	2	2	»	17	5	22
1882.........	6	2	1	»	1	»	8	2	10
1883.........	8	2	3	»	2	1	13	3	16
1884.........	10	4	2	»	2	»	14	4	18
1885.........	7	1	3	»	1	»	11	1	12
1886.........	10	6	1	1	»	»	11	7	18
1887.........	11	2	1	»	1	»	12	2	14
1888.........	12	2	»	»	1	»	13	2	15
1889.........	10	6	1	1	1	»	12	7	19
Totaux.....	90	28	19	5	11	1	120	34	154

Le nombre des décès de la paralysie générale pour les indigents de l'Eure a peu varié depuis quatre ans.

Les renseignements que nous obtenons sur les causes des maladies mentales sont presque toujours incomplets, et ne nous permettent pas de résumer ces causes dans des tableaux statistiques.

Elles sont souvent multiples, et il est difficile parfois de reconnaître celle qui est prédominante.

L'hérédité, les peines morales, les préoccupations excessives d'affaires d'intérêt, une trop grande activité cérébrale, les excès vénériens et alcooliques, sont les causes auxquelles se rattache le plus souvent l'aliénation mentale.

Celles de la paralysie générale sont presque les mêmes que celles de la folie simple. Le terrain seul est différent, la tendance hypérémique native du cerveau étant plus marquée dans la première que dans la seconde.

La thérapeutique employée à l'asile d'Evreux ayant été indiquée dans le rapport de l'année dernière, il est inutile d'y revenir cette année.

Le tableau suivant résume le mouvement de la population dans tous ses détails.

MOUVEMENT DE LA POPULATION en 1889.	INDIGENTS								Minist. de l'intérieur		Militaire guerre etc.	Nationalité etc.	TOTAL des indigents		PENSIONNAIRES								TOTAL des pensionnaires		TOTAL des pensionnaires et des indigents		TOTAL GÉNÉRAL
	Eure		Seine		Seine-et-Oise		Autres départements								1re cl.		2e cl.		3e cl.		4e cl.						
	H.	F.	H.	F.	H.	F.	H.	F.	H.	F.	H./F.		H.	F.	H.	F.	H.	F.	H.	F.	H.	F.	H.	F.	H.	F.	
Existant le 31 décembre 1888	273	286	89	99	15	10	4	»	6	1	»	1	388	390	3	»	»	7	7	9	33	39	43	55	431	451	882
Entrés — Admis pour la première fois	23	20	»	»	1	»	2	»	1	»	»	1	27	20	»	»	1	4	6	8	6	13	13	16	40	36	76
Reclutés	3	4	»	»	»	»	2	»	»	»	1	»	6	4	»	»	»	1	»	»	»	1	»	1	6	5	11
Réintégrés par suite de sortie avant guérison	2	3	»	»	»	»	»	»	»	»	»	»	2	3	1	»	1	»	1	»	5	»	2	6	4	9	13
Transférés d'un autre asile	3	5	2	»	»	»	4	»	1	»	»	»	10	5	»	»	»	1	»	»	»	5	»	6	4	10	16
Total des aliénés entrés	31	32	2	»	1	»	8	»	2	1	»	»	45	32	1	1	2	4	6	5	6	13	15	23	60	55	115
Total des aliénés traités	304	318	91	99	16	10	12	»	8	1	1	»	433	422	4	1	2	11	13	14	39	52	58	78	491	506	997
Mutations de classe — 5 pensionnaires de 4e classe passés 4 à l'Eure	3	1	»	»	»	»	»	»	»	»	»	»	3	1	»	»	»	»	»	»	»	»	»	»	3	1	4
1 à la Seine	»	»	1	»	»	»	»	»	»	»	»	»	1	»	»	»	»	»	»	»	»	»	»	»	4	1	1
Total des mutations de classe	3	1	1	»	»	»	»	»	»	»	»	»	4	1	»	»	»	»	»	»	»	»	»	»	4	1	5
Total des aliénés traités et des mutations de cl.	307	319	92	99	16	10	12	»	8	1	1	»	437	420	4	1	2	11	13	14	39	52	58	78	495	507	1002
Sorties — Guéris	5	7	»	1	»	»	1	»	1	1	»	»	7	9	1	»	2	»	2	3	1	4	5	11	14	27	
Améliorés	3	2	»	1	»	»	»	»	3	»	»	»	3	2	»	»	2	3	3	»	5	10	8	12	20		
Évadés	1	»	1	»	»	»	»	»	1	»	»	»	3	1	»	»	»	»	»	»	»	1	»	1	1	11	
Transférés	»	»	»	»	»	»	9	»	»	»	»	»	10	»	»	»	2	1	1	»	»	3	2	10	1	2	6
Réclamés par leurs familles, etc.	2	»	»	»	»	»	»	»	»	»	»	»	3	»	»	»	»	»	»	»	»	»	»	6			
Total des aliénés sortis	11	9	1	1	»	»	10	»	2	1	»	»	24	12	1	»	2	3	5	6	9	12	17	36	29	67	
Décédés	15	24	4	8	1	1	»	»	1	»	»	»	21	32	1	»	»	1	»	7	9	4	30	36	66		
Total des sortis et des décédés	26	33	5	9	1	1	10	»	3	1	»	»	45	44	2	»	2	4	5	13	13	21	21	66	65	131	
Mutations de classe — 5 pensionnaires de 4e classe passés 4 à l'Eure	»	»	»	»	»	»	»	»	»	»	»	»	»	»	»	»	»	»	3	1	»	3	1	3	1	4	
4e classe passés 1 à la Seine	»	»	»	»	»	»	»	»	»	»	»	»	»	»	»	»	»	»	1	»	1	»	1	4	1	1	
Total des mutations de classe	»	»	»	»	»	»	»	»	»	»	»	»	»	»	»	»	»	»	4	1	4	1	4	1			
Total des sorties, décès et mutations de classe	26	33	5	9	1	1	10	»	3	1	»	»	45	44	2	»	2	4	5	17	14	25	22	70	66	184	
Restant le 31 décembre	281	286	87	90	15	9	2	»	5	»	1	1	392	385	2	1	»	22	38	33	56	55	425	441	866		
Nombre de journées de présence pend. l'année	100392	104560	32918	34615	5638	3314	1964	»	2190	240	13	365	103684	118777	844	140	»	485	3744	8401	3135	9474	13534	13311	103170	132058	163247	318900
Moyenne de la population par jour	275	287	90	95	15	9	4	»	6	1	»	1	391	392	2	»	»	8	8	9	26	38	36	55	427	447	874

Compte administratif.

RECETTES

CHAPITRE 1ᵉʳ. — RECETTES ORDINAIRES

Section Iʳᵉ. — Recettes en argent.

Article 1ᵉʳ. — Intérêts de fonds placés au
Trésor................................... 2,103 94

Les fonds provenant des comptes dépôt et pécule qui,
depuis l'ouverture de l'asile, avaient été placés au Trésor
sans intérêts, rapportent maintenant le même intérêt que
ceux appartenant à l'asile et qui est de 2 % depuis le
1ᵉʳ mai 1888.

Cette modification, importante pour l'établissement,
a été prise en vertu de décisions du ministère de l'intérieur et du ministère des finances, le 4 juin et le 2 décembre 1889.

Les fonds du pécule sont placés au Trésor et ceux des
dépôts à la Caisse des dépôts et consignations.

Art. 2. — Aliénés de l'Eure........... 261,103 85

Le nombre moyen des aliénés de cette catégorie s'est
élevé à 562 et a dépassé de 8 celui de 1888.

Art. 3. — Aliénés de l'Etat........... 3,175 15

Art. 4. — Aliénés de la Seine......... 80,438 80

Art. 5. — Aliénés d'autres départements et des pays
étrangers................................... 15,007 50

La recette des aliénés de la Seine est supérieure de
12,738 fr. 05 c. à celle de 1888, parce que nous avons
reçu, en décembre 1888, un convoi de 34 femmes de ce
département.

Les recettes des articles 3 et 5 ont, au contraire, légèrement diminué.

Art. 6. — Pensionnaires de 1re classe ...   5,477 70
Art. 7. — Pensionnaires de 2e classe ...   11,836 »
Art. 8. — Pensionnaires de 3e classe ...   16,424 20
Art. 9. — Pensionnaires de 4e classe ...   34,170 70
Art. 10. — Domestiques particuliers....   1,028 25

Les recettes des pensionnaires, qui ont été de 68,936 fr. 85 c., dépassent de 1,380 fr. 10 c. celles de 1888 et elles sont inférieures de 8,008 fr. 25 c. à celles de 1887, qui avaient atteint un chiffre exceptionnel.

Art. 11. — Vente d'os et objets hors de service 936 54

La vente d'os s'est élevée à 282 fr. 56 c., celle des chiffons à 454 fr. 69 c., celle du vieux zinc à 110 fr. 70 c., et celle des différents autres objets à 88 fr. 59 c.

Art. 12. — Vente de produits excédant les besoins de l'asile ....   3,521 »

La vente de 7 veaux a produit 269 fr., celle de 28 porcs gras 3,231 fr., et celle de 105 peaux de lapin 21 fr.

Art. 13. — Recettes accidentelles......   9,870 48

Cette somme comprend le détail suivant :

Cuirs provenant de l'abattoir..........   3,401 96
Suifs   id. 1,541 00
Sous de la meunerie..................   70 »
Braise de la boulangerie..............   311 50
Chaussures fournies au personnel et aux aliénés.........................   507 59
Vin fourni au personnel et aux aliénés...   1,035 27
Cidre et pommes fournies au personnel..   242 12
Chocolat fournis aux aliénés...........   552 81
Café   id. 494 20
Lait   id. 42 70

A reporter....   8,209 14

	Report......	8,209 14
Régimes supplémentaires divers.........		547 50
Douches prises par des personnes du dehors		48 »
Confection de vêtements et fournitures diverses............................		111 18
Pécule des aliénés décédés en 1889.....		702 16
Inhumations de pensionnaires.........		252 50
	Total...............	9,870 48

Art. 14. — Remboursement par les familles de dépenses hors pension................... » »

Il n'a été fait aucune avance aux familles en dehors des prix de pension, et les diverses fournitures faites aux pensionnaires ont été payées sur leurs comptes dépôt.

Art. 15. — Frais de transfèrement d'aliénés 845 95
Même somme portée en dépenses.

Art. 16. — Trop perçu pour mois payés d'avance............................. » »

Le total des recettes en argent se monte à 455,840 fr. 06 c., chiffre qui n'avait pas encore été atteint.

En 1888, il avait été de 442,822 fr. 30 c., en 1887 de 448,082 fr. 46 c., et en 1886 de 443,500 fr. 15 c.

Section II. — *Revenus en nature et produit du travail des aliénés.*

Art. 17. — Revenus en nature consommés. 70,202 11
Ces revenus sont répartis entre les crédits suivants :
Viande.......................... 25,295 »
Porc frais 24,831 fr., poulets, lapins et canards 464 fr.
Comestibles...................... 32,439 30
Lait 5,874 fr. 60 c., œufs 432 fr. 70 c., asperges 653 fr., artichauts 644 fr., betteraves 670 fr. 40 c., choux 5,411 fr. 60 c., carottes 1,439 fr. 20 c., haricots verts 1,164 fr., melons 1,331 fr. 20 c., navets 1,070 fr. 90 c., pommes

de terre 5,353 fr. 50 c., salade 4,067 fr. 40, tomates 502 fr. 40 c., légumes divers et fruits 2,000 fr. 40 c.

Chauffage........................ 1,122 81

Bourrées 420 fr., bois à brûler 360 fr., bois de boulangerie 342 fr. 81 c.

Culture........................ 4,800 »

Fumier 1,200 mètres à 4 fr.

Fourrage et litière................ 6,545 »

Avoine 1,855 fr., paille d'avoine 250 fr., foins 3,380 fr., betteraves 634 fr., carottes 310 fr., pommes de terre 100 fr., fanes 10 fr.

Pour avoir le bénéfice net de l'exploitation agricole et maraîchère, il faut ajouter aux produits consommés, s'élevant à........................ 72,202 11

1° Les produits vendus qui ont été de... 3,521 »
(28 porcs gras, 7 veaux et 105 peaux de lapins).

2° L'augmentation du cheptel........ 768 75

Total.............. 74,491 86

Dont il faut déduire les dépenses :

1° Le fumier, les fourrages et la litière récoltés, mais consommés par la vacherie et les deux chevaux de culture... 10,345 »

2° Les dépenses de l'art. 26 du compte administratif (frais de culture)................ 11,979 12

3° Les dépenses de l'art. 28 (fourrage et litière)......... 7,627 80

4° Le traitement, avec les avantages en nature du jardinier, du vacher-porcher, du chef de culture, de deux infir-

A reporter... 20,951 02 74,491 86

Les principaux travaux de terrassements ont consisté dans le creusement d'un égout, se rendant de la cuisine au Gord, et dans l'extraction de ravines de la cour intérieure des femmes, qui était située presqu'au niveau du sol et qui a été remplacée par de la terre végétale, à une profondeur d'environ deux mètres. Cette extraction est terminée et nous avons commencé celle de la cour intérieure des hommes.

Les hommes ont fourni 39,025 journées de travail, et les femmes 39,843.

CHAPITRE II. — RECETTES EXTRAORDINAIRES

Néant.

CHAPITRE III. — RECETTES SUPPLÉMENTAIRES

Elles comprennent :

1° L'excédant de l'exercice 1888........   112,693 93

2° Les sommes à recouvrer de cet exercice et des exercices antérieurs...........   11,926 04

Total...............   124,619 97

Récapitulation des recettes.

	Prévisions budgétaires.	Droits constatés.	Recettes effectuées.	Restes à recouvrer.
Ch. Iᵉʳ. Ordinʳᵉˢ	552,194 75	576,036 27	568,371 32	7,664 95
Ch. II. Extraʳᵉˢ	» »	» »	» »	» »
Ch. III. Supplʳᵉˢ	124,619 97	124,619 97	121,545 01	3,074 96
Totaux....	676,814 72	700,656 24	689,916 33	10,739 91

DÉPENSES

CHAPITRE Ier. — DÉPENSES ORDINAIRES

Section Ire. — *Dépenses en argent.*

Le traitement du directeur-médecin en chef 8,000 fr., celui du receveur-économe 3,250 fr., celui des employés d'administration 7,100 fr., celui de l'aumônier 1,500 fr., n'ont donné lieu à aucune annulation.

Le traitement des fonctionnaires et employés du service médical, celui des sœurs et celui des préposés et servants ont produit une annulation de 79 fr. par suite de vacances d'emploi.

La dépense du personnel en argent a été de 64,121 fr.; en y ajoutant les avantages en nature évalués à 63,192 fr. 60 c., la dépense totale est de 127,313 fr. 60 c.

Le nombre des journées d'aliénés traités ayant été de 318,005, la dépense du personnel a été pour chaque aliéné de 0 fr. 399.

Le traitement annuel moyen en argent des préposés est pour les hommes de 602 fr., et pour les femmes de 338 fr. 56 c.

Celui des infirmiers est de 446 fr., et celui des infirmières de 320 fr.

Les crédits concernant les frais de culte 300 fr., de sépulture 360 fr., d'administration, de bureau, d'impression, de bibliothèque, etc. 3,000 fr., n'ont pas varié depuis plusieurs années.

L'annulation de ces trois crédits a été de 15 fr. 24 c. Elle avait été de 48 fr. 01 c. en 1888.

Art. 11. — Contributions.

Crédit primitif.......... 400 »
Dépenses imprévues....... 74 13
—————
474 13

Cette dépense comprend :

1° La taxe du chien de garde de la ferme   2 »
2° La contribution foncière........... 312 33
3° Celle des portes et fenêtres........ 10 01
4° La taxe des biens de main-morte..... 140 19

Total............... 474 13

Art. 12. — Assurances contre l'incendie 1,184 fr. 78 c.

Art. 13. — Blé.

Crédit primitif........ 50,000 »
Crédit supplémentaire... 9,952 89
—————
59,952 89

Ce crédit a été employé à l'achat de 253,791 kilog. de blé, au prix moyen de 23 fr. 62 c. les 100 kilog.

En ajoutant au blé acheté les quantités restant en magasin au 31 décembre 1888, diminuées de celles existant à la fin de l'année 1889, on obtient 253,249 kilog., qui ont été livrés au moulin et dont la valeur a été de 60,522 fr. 44 c.

Les frais de mouture ayant été de 1,226 fr. 80 c., la dépense totale est de 61,749 fr. 24 c.

La recette comprend :

6,950 kilog. de gros son à 11 fr. 50 c. les 100 kilog........................... 809 67
41,750 kilog. de petit son à 0 fr. 38 c. les 100 kilog........................... 3,916 15
8,878 kilog. de recoupe à 10 fr. 12 c. les 100 kilog........................... 898 45
—————
A reporter..... 5,624 27

	Report......	5,624 27

190,183 kilog. de farine à 0 fr. 2051 le
kilog........................... 56,124 07

Total égal........... 61,749 24

Prix de revient du pain.

Le boulanger a reçu 168,884 kilog. de farine confectionnée pendant l'année 1889 à 0 fr. 2051 le
kilog........................... 49,837 66
et 7,852 kilog. de farine restant en magasin
au 31 décembre 1888 à 0 fr. 3343 le kilog. 2,624 92

Total................ 52,462 58

Il a fabriqué avec cette farine 231,640 kilog. de pain,
ce qui donne un rendement de 131,06 %.

Les frais de boulangerie se sont élevés à. 3,224 06
somme qu'il faut, pour avoir le prix total
de la dépense, ajouter au prix de la farine.. 52,462 58

Total................ 55,686 64

Dont il faut déduire pour obtenir la dépense réelle 293 hectolitres de braise estimée
à 1 fr. 75 c. l'hectolitre................. 518 »

Reste............... 55,168 64

Ce qui porte le kilog. de pain à 0 fr. 2381.

Les frais de mouture et de boulangerie comprennent :
le traitement et les avantages en nature du meunier-
boulanger, le bois de boulangerie, le sel et le fleurage
employés à la fabrication du pain, l'entretien du matériel
et le pécule des aliénés.

La valeur locative des bâtiments du four et du moulin
n'est pas comprise dans ces frais.

Le prix du pain, d'après la taxe de la ville d'Evreux,

a été, pendant l'année, en moyenne, de 0 fr. 3116 le kilog. de 0 fr. 0735, par conséquent supérieur à celui de l'asile.

Cette différence de prix, multipliée par le nombre de kilog. de pain fabriqué, donne pour l'année un bénéfice de 17,025 fr. 54 c.

Le bénéfice réalisé sur le pain en 1886 a été de 16,353 fr. 12 c., en 1887 de 21,551 fr. 70 c., en 1888 de 19,848 fr. 07 c.

Il a été beaucoup plus considérable pendant ces quatre dernières années, que pendant les années précédentes, parce que le blé a été acheté de gré à gré au lieu d'être mis en adjudication.

La moyenne de la population à nourrir ayant été de 980 individus, y compris le personnel, et la quantité de pain dépensée de 231,040 kilog., la consommation individuelle et annuelle s'est élevée à 236 kil. 367.

En 1888, elle avait été de 238 kil. 208, et en 1887 de 233 kil. 720 gr.

La consommation quotidienne et individuelle n'a été que de 0 kil. 647 gr., bien que le pain soit donné à discrétion à toutes les catégories d'individus nourris.

L'allocation réglementaire est bien supérieure à la dépense effectuée ; elle est de 800 gr. pour les hommes et de 700 gr. pour les femmes.

La faible consommation du pain tient à sa qualité très-nutritive et au régime alimentaire de l'asile qui est suffisamment réparateur.

Le pain est le même pour le personnel, toutes les classes de pensionnaires et les indigents.

Art. 14. — Viande, 59,781 fr. 28 c.

Nous avons acheté de gré à gré les animaux nécessaires à notre abattoir : 40 bœufs, 5 taureaux, 54 vaches, 78 veaux, 74 moutons.

Les bœufs sont revenus au prix moyen de 0 fr. 704 le kilogramme sur pied, les veaux 1 fr. 19 et les moutons 0 fr. 928.

Les bœufs ont donné un rendement de viande de 56,58 %, les veaux de 70,66 et les moutons de 50,58.

La tête, les pieds et les tripes de bœuf sont comptés pour moitié de leur poids, les issues de mouton pour 2 kilogrammes par animal, celles de veau pour leur poids, excepté la tête et les pieds comptés pour moitié.

Le prix moyen de la viande de boucherie a été de 1 fr. 30. En 1886, il a été de 1 fr. 336, en 1887 de 1 fr. 258 et en 1888 de 1 fr. 245.

Il a été consommé pendant l'année :

33,267 k. de viande de bœuf à 1 fr. 1645 le kil.	38,739	42
8,488 k. de viande de veau à 1 fr. 6558 —	14,054	43
2,206 k. 500 de viande de mouton à 1 fr. 75 —	3,861	37
16,521 k. 500 de porc frais à 1 fr. 50 —	24,782	25
236 k. de volailles et lapins à prix divers —	464	»
60,719 kil.	81,901	47

La consommation annuelle par individu (aliénés et personnel réunis) a été de 61 kilog. 958.

En 1888, elle avait été de 63 kilog. 666, en 1887 de 62 kilog 684 et en 1886 de 62 kilog 626 ; elle varie donc peu d'une année à l'autre.

Les aliénés reçoivent par semaine 9 rations de viande de 170 grammes pour les hommes et de 150 grammes pour les femmes.

Ces rations sont souvent diminuées de 40 grammes surtout pendant l'été et cette diminution est compensée par un plat de légumes ou de dessert.

Art. 15. — Vin, pommes.............. 38,155 28

Ce crédit a été employé de la manière suivante :

86,284 k. de pommes au prix moyen de 77 fr. 25 les 1,000 k......... 8,665 80

A reporter... 46,821 08

Report......	46,821	08
103,965 k. de pommes au prix moyen de 168 fr. 31 les 1,000 k.........	17,408	51
22,480 litres de vin à 35 fr. 82 les 100 litres.	8,052	32
225 litres de vin pour échantillon.....	145	60
4,000 k. de sucre..................	2,418	65
Rétribution du brasseur...............	151	40
Réparation des tonneaux et fournitures diverses..................	1,223	»
Total...............	38,155	28

Le brassage des pommes a été fait en deux fois ; la première, pendant le 1ᵉʳ trimestre 1889, et la seconde, pendant les deux derniers mois de la même année.

Premier brassage. — 103,364 kilog. de pommes ont produit 10.800 litres de boisson.

Les pommes ayant coûté 10.047 fr. 25 et les frais de brassage et du matériel s'étant élevés à 1,356 fr. 20, le litre de boisson, dont la force densimétrique est de 2 degrés, est revenu à 0 fr. 067.

1 hectolitre de pommes pesant 52 kilog. a produit 85 litres 42 de boisson.

Deuxième brassage. — Nous avons brassé cette seconde fois, 103,505 kilog de pommes, qui ont coûté 17,419 fr. 30 c. et qui ont produit 333,722 litres de boisson, ce qui donne un rendement de 167 litres 65 pour un hectolitre de pommes.

Cette boisson, dont la force densimétrique n'était que de 1° 30, ayant été renforcée par 4,000 kilog. de sucre qui ont coûté 2,418 fr. 65 et les frais de brassage et du matériel ayant été de 1,532 fr. 75, la boisson est revenue à 0 fr. 064 le litre.

L'addition du sucre à la boisson a diminué de plus de

moitié le prix de revient. Les pommes du 1er trimestre, qui n'ont coûté que 77 fr. 25 les 1,000 kilog., ont produit de la boisson à 0 fr. 067 le litre, tandis que celles du dernier trimestre, dont le prix a été de 168 fr. 31, ont fourni de la boisson qui, avec le sucre n'est revenue qu'à 0 fr. 064 le litre.

Les aliénés et le personnel trouvent peu de différence entre la boisson produite seulement avec des pommes et celle à laquelle on a ajouté du sucre.

La quantité de boisson dépensée a été de 340,931 litres, dont il faut retrancher, pour avoir la consommation du personnel et des aliénés, 335 litres vendus et 7,380 litres de lie, ce qui réduit cette consommation à 333,216 litres.

Notre nouveau système de brassage par dialyse est beaucoup plus rapide, beaucoup plus économique, donne quatre fois moins de lie que l'ancien procédé, et permet d'avoir toujours de la boisson de la même force.

La quantité de vin dépensée a été de 23,778¹20 ; elle dépasse de 2,387¹60 celle de 1888, tandis que la consommation de la boisson a été au contraire moins élevée de 10,253 litres.

Le prix élevé des pommes nous a forcé de réduire les rations supplémentaires de boisson et de les remplacer par de la tisane vineuse.

Les rations réglementaires de vin et de boisson sont les suivantes :

	Hommes	Femmes
Vin. — Pensionnaires de la classe exceptionnelle, des deux premières classes, des employés et des sœurs...............	0¹60	0¹50
Cidre .... { Pensionnaires de 3e classe....	1¹50	1¹20
— de 4e classe et indigents..............	1¹	0¹75
Préposés et infirmiers.......	2¹25	1¹50

Des rations supplémentaires de 0¹30 de cidre, sont

accordées à tous les aliénés occupés à des travaux pénibles.

Art. 16. — Comestibles............... 44,800 09

La dépense de ce crédit dépasse de 1,104 fr. 95 c. celle de 1888, par suite de l'augmentation de la population.

Les principales imputations de ce crédit sont les suivantes : café 2,573 fr. 03 c., chocolat 1,305 fr. 90 c., fromage 2,030 fr. 25 c., huile d'olive 752 fr. 74 c., huile d'œillette 2,626 fr. 60 c., haricots secs 4,161 fr. 85 c., morue 944 fr. 45 c., œufs 4,400 fr., pruneaux 691 fr. 30 c., pois cassés 1,520 fr., pommes de terre 2,998 fr. 08 c., poisson frais 2,830 fr. 70 c., raisiné 2,405 fr., riz 600 fr., sel gris 1,445 fr., sucre 3,046 fr. 09 c., saindoux 5,102 fr. 12 c., vinaigre 550 fr.

Art. 17. — Pharmacie............... 2,098 31

Cette dépense varie peu d'une année à l'autre ; elle ne comprend que les médicaments proprement dits : le vin et le sucre nécessaire à la pharmacie étant mandatés, l'un à l'article 15 et l'autre à l'article 16 du budget.

Art. 18. — Tabac................... 2,771 95

Cette dépense reste la même depuis plusieurs années.

Art. 19. — Lingerie et vêture........ 31,734 57

Art. 20 — Coucher.................. 8,136 90

Art. 21. — Mobilier............... 18,000 »

Les fournitures concernant ces trois articles, qui ont été beaucoup augmentées depuis quelques années, suffisent maintenant à tous les besoins du service et il n'y a plus qu'à remplacer, chaque année, celles qui sont usées, détruites ou perdues.

Art. 22. — Blanchissage............. 911 23

Ce crédit a été employé à l'achat de 7,984 kilog. de cristaux de soude, qui ont coûté 718 fr. 56 c. et au paiement d'amidon et de quelques autres fournitures de peu d'importance.

La diminution du crédit « blanchissage, » de près de

2,000 fr. en 1887 et 1888 sur les années précédentes, et
de 4,311 fr. 70 c. en 1880, tient au séchoir que nous
avons fait établir par les ouvriers de l'asile en 1885, qui
nous permet de faire sécher convenablement le savon
avant de l'employer. L'économie de cette fourniture est de
plus de moitié.

En 1884, nous avons dépensé 12,333 kilog 500 de
savon et seulement 5,920 kilog. en 1889. A la fin de cette
dernière année, malgré la diminution d'argent dépensé en
1887, 1888 et 1889, il nous restait encore dans notre
séchoir 7,864 kilog. de savon.

Art. 23. — Chauffage................ 18,430 39

En 1887, nous avons dépensé pour le chauffage
10,202 fr. 17 c., et 18,279 fr. 40 c. en 1888.

En 1889, nous avons consommé 765 bourrées, 47 stères
de bois à brûler, 231 st. 400 de bois de boulangerie,
2,341 kilog. de charbon de bois, 476,295 kilog. de charbon de terre, 52,018 kilog. de coke, 30 kilog. de charbon
de forge et pour 20 fr. de fournitures diverses.

Ces quantités dépensées diffèrent peu de celles de
l'exercice précédent.

Art. 24. — Eclairage................ 2,997 89

Cette dépense, aussi restreinte que possible, varie peu
chaque année.

Art. 25. — Bâtiments et murs........ 28,500 »

Les ouvriers de l'asile, aidés des malades, exécutent
presque toutes les réparations des bâtiments, à l'exception
de celles de la toiture, et ils font en outre des travaux
neufs d'une assez grande importance.

En 1880, ils ont reconstruit complètement l'écurie des
chevaux de culture, la remise des voitures, et ils ont établi un égout qui conduit les eaux ménagères de la cuisine
au gord.

Art. 26. — Entretien des propriétés et frais de culture.................................... 11,979 12

La dépense a été plus élevée en 1880 qu'en 1888, parce que nous avons acheté, pour les engraisser, 58 porcs de plus.

Art. 27. — Gratifications aux travailleurs   7,098 34

Cette dépense n'a pas augmenté depuis dix ans, malgré l'accroissement de la population.

Art. 28. — Fourrage et litière.........   7,627 80

Cette dépense assez considérable, cette année, a tenu à la cherté de la paille et à l'insuffisance de nos fourrages.

Nous avons acheté pour 1,765 fr. 33 c. de foin et de bourgogne, pour 4,781 fr. 37 c. de paille de blé, pour 1,390 fr. 20 c. de paille d'avoine et pour 290 fr. 81 c. de diverses fournitures de peu d'importance.

Art. 29. — Dépenses imprévues........   4,350 68

Ces dépenses comprennent :

1° Une indemnité de 300 fr. accordée à M. le directeur par le Conseil général, pour assister au congrès international de médecine mentale;

2° Une dépense supplémentaire de 74 fr. 13 c. pour augmenter le crédit contributions, qui était insuffisant;

3° Une dépense supplémentaire de 1,500 fr. pour l'entretien des bâtiments;

4° Une somme de 130 fr. 27 c. pour les frais d'actes nécessités par l'achat du pré de Mme Fouché;

5° Une somme de 2,337 fr. 28 c. pour la construction de frontons au-dessus des portes d'entrée du pensionnat et des chambres d'isolement de la section des femmes.

Cette dépense et les trois précédentes n'ont eu lieu qu'en vertu de délibérations de la commission de surveillance approuvées par l'autorité préfectorale.

Art. 30. — Restitution de trop perçu...   »   »

Art. 31. — Fournitures aux familles excédant le prix de pension......................   »   »

Art. 32. — Frais de transfèrement d'aliénés............................... 845 95

Même somme portée en recettes.

Section II°. — Dépenses en nature.

Art. 33. — Revenus en nature consommés à l'établissement............................ 70,202 11

Art. 34. — Travail des aliénés......... 49,094 10

Les sommes portées aux articles 33 et 34 sont les mêmes que celles qui sont inscrites aux articles correspondants des recettes.

CHAPITRE II. — DÉPENSES EXTRAORDINAIRES

Achat d'un pré appartenant à Mᵐᵉ Fouché 6,500 »

Construction de remises pour les ustensiles de travail des aliénés, le charbon et le coke.

Crédit................ 18,210 81

Somme dépensée....... 12,565 35

Annulation... 5,654 56

Cette construction n'est pas encore terminée et le reste annulé est reporté au budget supplémentaire.

CHAPITRE III. — DÉPENSES SUPPLÉMENTAIRES

Section I°. — Dépenses extraordinaires.

Construction de chambres d'isolement et d'un pensionnat pour la section des femmes....... 23,230 24

Le crédit voté par le Conseil général, à sa session d'août 1887, s'élevait à 51,087 fr. 15 c., et la dépense a été de 51,086 fr. 74 c.

Achat de terrain appartenant à Mlle Dalet.

Cet achat n'ayant pas été effectué, le crédit est reporté au budget supplémentaire de 1890.

Section IIe. — Dépenses ordinaires.

Blé................................	9,952 80
Vin, pommes........................	7,155 28
Comestibles........................	1,809 99
Frais de culture...................	2,979 12
Fourrage et litière................	1,127 80
Revenus en nature..................	6,202 11

Ces dépenses supplémentaires, ainsi que celles qui concernent les contributions, l'entretien des bâtiments, les frais d'acte d'achat de la propriété de Mme Fouché, mandatés sur dépenses imprévues, ont été compris aux crédits primitifs concernant ces articles.

Récapitulation des dépenses.

	Prévisions budgétaires.	Droits constatés.	Restes annulés.
Ch. 1er. Ordin^res.	528,474 04	507,902 19	20,572 75
Ch. II. Extraor^res	23,710 81	18,065 35	5,654 46
Ch. III. Suppl^res.	98,096 26	52,466 43	45,629 83
Totaux....	650,291 01	578,433 97	71,857 04

Les recettes prévues au budget primitif et au budget supplémentaire s'élevaient à 676,814 fr. 72 c., les droits acquis ont été de 700,656 fr. 24 c., les recettes effectuées de 689,916 fr. 33 c., et les restes à recouvrer de 10,739 fr. 91 c., déduction faite d'une somme de 130 fr. 40 c. admise en non-valeur.

Les dépenses prévues étaient de 650,201 fr. 01 c., dont 528,474 fr. 04 c. pour les dépenses ordinaires, 23,710 fr. 81 c. pour les dépenses extraordinaires et 98,096 fr. 26 c. pour les dépenses supplémentaires.

Les droits constatés ne se sont élevés qu'à 578,433 fr. 97 c., et comme il ne reste rien à payer en fin d'exercice, les dépenses effectuées ont été égales aux droits constatés.

Les recettes effectuées ayant été de....:.. 689,916 33
Les dépenses de..................... 578,433 97

L'excédant des recettes est de.......... 111,482 36
En ajoutant à cet excédant les restes à recouvrer........................... 10,739 91

On obtient................. 122,222 27

En l'absence de restes à payer, l'actif de l'asile est donc de 122,222 fr. 27 c.

Situa'' iancière en fin d'exercice.

Valeur en nature.

Les terrains de l'asile ont coûté....... 434,177 66
Les bâtiments..................... 2,501,327 74
Le mobilier...................... 207,584 34
La lingerie et la vêture............. 251,337 24
Le coucher...................... 304,454 25
Les restants en magasin............. 79,218 71

Total................. 3,778,099 94

Valeur en argent.

ACTIF

Excédant de l'exercice clos.......... 111,482 36
Restes à recouvrer................. 10,739 91

Total............. 122,222 27

PASSIF

Néant.

3.

En ajoutant la valeur en argent qui est de 122,222 fr. 27 c. à la valeur en nature 3,778,099 fr. 94 c., on a pour l'estimation réelle de l'établissement la somme de 3,900,322 fr. 21 c., qui est supérieure de 59,284 fr. 76 c. à celle de 1888.

Améliorations réalisées du 1ᵉʳ janvier 1880 au 1ᵉʳ janvier 1890.

Les économies réalisées pendant cette période décennale se sont élevées à 553,814 fr. 18 c.

La valeur des terrains et bâtiments a augmenté de 222,310 fr. 04 c.

Celle de la lingerie, de la vêture, du coucher, du mobilier, des approvisionnements en magasin, de 174,047 fr. 02 c.

L'asile était redevable, au 1ᵉʳ janvier 1880, d'une somme de 34,333 fr. 05 c., tandis que le 1ᵉʳ janvier 1890 il s'était acquitté de cette dette et possédait en outre 122,222 fr. 27 c.

L'augmentation des terrains et bâtiments comprend :

Nouvelle distribution d'eau composée d'un bassin de captation, d'une pompe hydraulique, d'un réservoir souterrain de 500 mètres cubes, situé à la partie la plus élevée du bois, d'une conduite d'eau en fonte de 10 centimètres pour refouler l'eau du bassin de captation dans le réservoir et d'une seconde conduite en fonte du même diamètre pour distribuer l'eau de ce réservoir dans toutes les parties de l'asile.................... 26,753 24

Remise pour le matériel agricole....... 7,706 77

Achat de la propriété Haulard......... 7,226 75

Construction d'une porcherie pour 120 porcs, d'un hangar pour loger le bois de chauffage et le bois de bou-

langerie et de vastes greniers au-dessus de cette porcherie et de ce hangar pour recevoir les foins et
les pailles........................... 33,300 49
   Abattoir......................... 4,311 76
   Ateliers de menuiserie, de charronnage, magasins pour les bois de ces ateliers, atelier de peinture, magasin pour les cuirs de la cordonnerie, dortoir d'isolement pour les maladies contagieuses.............. 30,853 72
   Brasserie par dialyse................ 32,427 53
   Vanne en fer pour la retenue de l'eau du bief du moulin............................. 1,201 14
   Chambres d'isolement pour les femmes agitées et chambres de pensionnaires pour les femmes 54,324 02
   Remises pour les ustensiles de travail des aliénés, le charbon et le coke; à-comptes payés...... 12,565 35
   Construction d'une écurie pour les chevaux de culture et d'une remise pour les voitures......... 6,000 »
   Achat de la propriété Fouché......... 5,630 27

Les bâtiments nécessitaient des réparations considérables, parce que la gène financière de l'établissement n'avait pas permis de les entretenir d'une manière convenable.

Ces réparations qui, d'après le devis de M. l'architecte du département, présenté à la session d'août 1880, étaient estimés à 350,000 fr., ont été exécutées par les ouvriers de l'asile. En outre de ces réparations, presque tous les greniers pavés en terre ont été parquetés en sapin; un séchoir pour le savon a été établi au-dessus de la division des femmes agitées; la vacherie a été entièrement reconstruite et une grange de la propriété Haulard a été appropriée en logement pour le premier commis de l'économat.

L'asile n'avait autrefois qu'une distribution d'eau, celle des béliers qui la puisaient dans le gord, au-dessus de la vanne du moulin. Cette eau était souillée par tous les détritus qu'on jetait dans cette rivière; elle était insuffisante et manquait complètement quand les réparations des béliers, qui sont fréquentes, duraient trop longtemps. Elle ne sert plus maintenant qu'à la buanderie, à l'arrosage du jardin, aux bains des femmes, et tous les autres services reçoivent de l'eau très-pure, puisée dans une nappe d'eau souterraine, située à 5 mètres de profondeur, par une pompe hydraulique.

Ces deux distributions d'eau, celle des béliers et celle de la pompe, complètement indépendantes l'une de l'autre, mais pouvant se remplacer, donnent à l'asile de l'eau en abondance qui ne coûte rien.

Le régime alimentaire a été amélioré. Les aliénés reçoivent en plus un plat de légumes le matin et de la soupe le soir. Tous les malades débilités ont des rations supplémentaires de vin, de viande rôtie et d'œufs.

La distribution d'eau pure, l'amélioration du régime alimentaire, la grande propreté qui règne dans tous les quartiers, ont diminué beaucoup la mortalité de l'asile, comme je l'ai indiqué dans mon compte médical.

Les infirmiers qui étaient insuffisamment rétribués ne faisaient, en quelque sorte, que passer par l'asile et l'on ne pouvait obtenir d'eux un service convenable; ils sont devenus beaucoup plus stables, par suite de l'augmentation de leur traitement, dont la moyenne en argent, qui était en 1870 pour les femmes de 216 fr. et pour les hommes de 309 fr., s'est élevée en 1880 pour les femmes à 320 fr. et pour les hommes à 466 fr.

Les économies que nous avons réalisées pendant cette période décennale de 1880 à 1890 sont dues à l'extension de la culture maraîchère, aux bénéfices de la porcherie nouvellement construite, à l'achat de gré à gré du blé et des bestiaux destinés à l'abattoir, dont l'adjudication était très-onéreuse, et à une comptabilité minutieuse de tous les détails des services de l'économat.

Ces résultats satisfaisants sont dus au concours bien-veillant que n'a jamais cessé de me prêter la commission de surveillance.

Quand l'achat de la propriété Dalet, en cours d'exécu-tion, sera terminé, l'asile contiendra 67 hectares 80 ares 22 centiares, dont l'affectation sera la suivante :

Bâtiments d'habitation et préaux..	11 h.	24 a.	60 c.
Ferme comprenant : moulin, bou-langerie, brasserie, porcherie, hangar, greniers, vacherie................	1	12	»
Bois......................	17	»	»
Jardins et terres cultivées........	36	98	62
Remises pour instruments aratoires, écuries, logements du cocher et du charretier, fours à briques..........	1	45	»

Les terrains consacrés au jardinage et à la culture agricole seront suffisamment étendus pour utiliser tous les aliénés susceptibles d'être occupés à cette double culture.

L'asile d'Evreux sera, sinon toujours, du moins d'ici de longues années, assez vaste pour recevoir tous les in-dividus du département atteints d'aliénation mentale, mais l'on sera probablement forcé de restreindre de plus en plus les admissions des aliénés étrangers à l'Eure, dont le nombre oscille autour du chiffre de 200.

Budget supplémentaire de 1890.

RECETTES

Elles comprennent :

1° L'excédant de l'exercice clos........	111,482 36
A reporter......	111,482 36

Report...... 111,482 36

2° Les restes à recouvrer, qui sont de 10,739 fr. 01 c., dont il faut déduire la somme de 64 fr. 22 c. due par des familles de malades qui est irrecouvrable et admise en non-valeur par la commission de surveillance......................... 10,675 69

122,158 05

DÉPENSES

Section Ire. — Dépenses extraordinaires.

1° Construction de remises pour les ustensiles de travail, le charbon et le coke.................. 5,654 46

2° Achat de terrains appartenant à Mlle Dallet.......................... 40,654 50

Sur le crédit de 18,210 fr. 81 c., ouvert par le Conseil général à sa session d'août 1880, il été dépensé 12,565 fr. 35 c., et il reste par conséquent à reporter 5,654 fr. 46 c.

L'achat de terrains appartenant à Mlle Dallet n'est pas encore effectué, mais il le sera prochainement, le jugement d'expropriation venant d'être rendu.

La commission de surveillance est d'avis d'ajourner la construction du pensionnat des hommes, les ressources de l'établissement ne lui paraissant pas encore suffisantes pour commencer cette construction.

Section IIe. — Dépenses ordinaires.

1° Lingerie et vêture................. 1,500 »
2° Coucher......................... 500 »
3° Mobilier........................ 3,000 »

Ces trois crédits ont pour but de permettre l'ameublement des chambres d'isolement et du pensionnat de la section des femmes.

Chauffage...................... 1,400 »

Nous dépensons chaque année près de 500,000 kilog. de charbon de terre, dont le prix a augmenté de 2 fr. 95 c.

Bâtiments .... 4,000 »

Des réparations considérables ont été faites, depuis le commencement de l'année, aux bains de la section des femmes, où des infiltrations d'eau se sont produites par suite de fissures qui ont eu lieu dans les conduites d'écoulement; en outre, l'ouragan du mois de janvier a occasionné beaucoup de dégâts dans la toiture de tous les bâtiments et surtout dans la 10° division des femmes, où la couverture de la galerie a été complètement enlevée.

Les recettes étant de.................. 122,158 05

Les dépenses de...................... 56,708 96

L'excédant des recettes du budget supplémentaire est de...................... 65,449 09

Budget primitif de 1891.

RECETTES

Elles s'élèvent à 430,348 fr. 50 c.

Elles sont inférieures de 16,400 fr. 56 c. à celles de l'exercice 1880, parce que le chiffre des aliénés de l'Eure et de la Seine a diminué.

Elles sont basées sur les chiffres suivants, qui correspondent au nombre des aliénés existant le 1er avril 1890.

Indigents de l'Eure :

Hommes............... 270 } 554
Femmes............... 284 }

Indigents de l'Etat :

Hommes............... 6 } 7
Femmes............... 1 }

Indigents de la Seine :

Hommes............... 91 } 158
Femmes............... 67 }

Indigents des autres départe-
tements et des pays étrangers :

Hommes............... 20 } 29
Femmes............... 9 }

Pensionnaires (toutes classes
réunies) :

Hommes............... 36 } 91
Femmes............... 55 }

Total.............. 839

Je ne pense pas qu'il y ait lieu de proposer des modifications aux prix de journée suivants, adoptés depuis 1885 par le Conseil général :

Indigents :

	Hommes.	Femmes.
De l'Eure et de l'Etat.............	1 30	1 25
De la Seine....................	1 35	1 30
D'autres départements et des pays étrangers...................	1 50	1 50

Pensionnaires :

	Hommes.	Femmes.
De classe exceptionnelle...........	8 70	8 70
De 1re classe...................	5 70	5 70
De 2e classe...................	4 »	4 »
De 3e classe...................	2 60	2 60
De 4e classe...................	1 45	1 45

Ces prix de pension sont suffisamment rémunérateurs sans être exagérés.

Les revenus en nature consommés à l'établissement sont évalués, d'après les résultats de 1889, à 70,000 fr., et le produit du travail des aliénés à 50,000 fr.

Ce sont des recettes d'ordre portées pour la même somme en dépenses.

DÉPENSES

Les dépenses du personnel sont les mêmes que celles du budget de 1890.

Les autres dépenses sont basées sur les résultats de l'exercice 1889, à l'exception des crédits suivants :

Assurances contre l'incendie.

Augmentation de 815 fr. 20 c.

Elle est due à la nécessité d'assurer la plus-value du mobilier, depuis la police de 1887, qui est de 61,264 fr. 54 c., les bâtiments nouvellement construits depuis cette époque, et les deux petites maisons de la propriété achetée à Mme veuve Fouché, évalués 141,825 fr. 08 c.

Viande.

Augmentation de 10,218 fr. 72 c.

Elle est nécessitée par le renchérissement considérable des animaux de boucherie destinés à notre abattoir.

Vin et pommes.

Diminution de 7,155 fr. 28 c.

Elle tient à ce qu'en 1889 notre nouvelle brasserie nous a permis de fabriquer du cidre pour sept mois de l'année 1889 et pour toute l'année 1890.

Les pommes qui doivent être achetées en 1891 ne serviront qu'à la fabrication du cidre nécessaire à l'exercice 1892.

Blanchissage.

Augmentation de 3,088 fr. 77 c.

Notre provision de savon sera épuisée en 1891, et il importe de la renouveler pour qu'il puisse sécher convenablement avant d'être mis en service.

Chauffage.

Augmentation de 3,569 fr. 61 c.

Le prix du charbon sera beaucoup plus élevé et le bois de l'asile ne pourra plus fournir, d'ici quelques années, de bois de chauffage.

Dépenses imprévues.

Augmentation de 5,161 fr. 95 c.

Ce crédit, qu'il est impossible de prévoir d'une manière certaine, ne peut être employé qu'avec l'autorisation de la commission de surveillance et de l'autorité préfectorale.

Il est probable qu'il ne sera pas dépensé entièrement et qu'il donnera lieu à une annulation importante.

Les dépenses, y compris les consommations en nature, s'élèvent à 559,348 fr. 50 c. et sont égales aux recettes.

Veuillez agréer, Monsieur le préfet, l'hommage de mon respectueux dévouement.

Evreux, le 1er juillet 1800.

Le Directeur-Médecin en chef,

BRUNET.

9 782014 528107